中华文明黄河故事丛书

母亲河畔的儿女

黄河文化专家 李殿奎 推荐

人物传说与故事篇

主　编／赵　勇
本册编著／郑　军

山东人民出版社·济南

国家一级出版社 全国百佳图书出版单位

图书在版编目（CIP）数据

母亲河畔的儿女．人物传说与故事篇 / 郑军编著．-- 济南：山东人民出版社，2024.1
（中华文明黄河故事丛书 / 赵勇主编）

ISBN 978-7-209-13973-1

Ⅰ．①母… Ⅱ．①郑… Ⅲ．①黄河流域 – 文化史②革命故事 – 作品集 – 中国 Ⅳ．①K292②I247.81

中国版本图书馆CIP数据核字(2022)第130806号

母亲河畔的儿女·人物传说与故事篇
MUQINHE PAN DE ERNÜ ·RENWU CHUANSHUO YU GUSHI PIAN
赵　勇　主编　郑　军　本册编著

主管单位　山东出版传媒股份有限公司
出版发行　山东人民出版社
出 版 人　胡长青
社　　址　济南市市中区舜耕路517号
邮　　编　250003
电　　话　总编室(0531)82098914
　　　　　市场部(0531)82098027
网　　址　http://www.sd-book.com.cn
印　　装　济南龙玺印刷有限公司
经　　销　新华书店

规　　格　16开(170mm×240mm)
印　　张　11.5
字　　数　110千字
版　　次　2024年1月第1版
印　　次　2024年1月第1次
ISBN 978-7-209-13973-1
定　　价　42.00元
　　　　　　如有印装质量问题，请与出版社总编室联系调换。

《母亲河畔的儿女·人物传说与故事篇》

本册编著：郑　军

插图设计：魏　峰

主编的话

　　黄河，中华民族的摇篮，是我们的母亲河，是中华民族伟大复兴的坚定信念源泉。

　　黄河，她用母亲的乳汁哺育着中华民族，勤劳、勇敢、善良的中华儿女，在这里繁衍生息，建功立业。

　　黄河，自远古走来，用她那恢宏的气势、博大的胸怀，锻炼出了中华民族坚强不屈、追求自由的精神。

　　黄河，千百年来，诉说着人间的悲欢哀乐，显示着历史的艰难曲折，鼓舞着我们追求新的理想、新的精神世界。

　　黄河啊！你自强不息，生生不已，保持着自己民族丰富多彩的特色，并汇入世界文化的大海。你自尊、自豪、自信、自强；你奔腾流淌，你的文化在世界的东方永放光彩。

　　讲好"黄河故事"，延续历史文脉，坚定文化自信，为实现中华民族伟大复兴的中国梦凝聚精神力量。

我们抓住了作为中华民族之根的黄河文化，也就抓住了中国历史的根本。由母亲河（黄河、长江）所培育出来的中华民族恢宏的气度胸怀与精神品格，是我们国家富强、民族振兴的精气神。

这套适合青少年阅读的书籍，就是要讲好黄河故事，希望青少年从小汲取营养，陶冶心灵，激扬精神，开拓进取，鉴往知来。

我们坚信：黄河文化是实现中华民族伟大复兴，坚定现代中国发展道路最为深厚、最为核心、最为可靠的文化根基和历史依据。

赵勇

2022 年 5 月 20 日

目 录

女娲抟土造人

　　传说，盘古开天辟地之前，天地混沌，如一只巨大的圆球，四周一片漆黑，空间又小又闷，十分压抑。

　　盘古在睡了一万八千年后醒来，用手往外一推，圆球裂开了。可是一松手，巨球又合拢起来。他只好举起双手，把这两片壳完全撑开，天归天，地归地，天地断绝。

　　天地虽然裂开了，但是盘古累死了。盘古死后，他呼出的气就成了天上的风云，声音成为雷霆，左眼变成太阳，右眼变成月亮。他的四肢和身躯变成了连绵的山峦，血液成了奔流的河水。他的筋脉化为纵横交错的道路，肌肉成为肥沃的田地。他的头发和胡须变成了天上的星辰，皮肤和汗毛变成了大地上的花草树木。他的牙齿和骨头呢？则变成了各种各样的金属和矿石。至于人们喜爱的宝玉，则是由他的骨髓化成的。

　　在开天辟地的漫长岁月里，盘古流了很多汗水，这汗水就成了天上的雨水，时而淅淅沥沥，时而滂沱倾盆。随着雨水的到来，一位神女也从天上飞了下来，独自走在茫茫大地上。

这位神女，就是女娲。

女娲飘飘荡荡地行走着，她走过的地方，草木葱郁，鲜花盛开。走啊走，女娲感觉寂寞了，只有草木鲜花哪行啊，得有人陪伴自己啊。于是，她照着水里自己的样子，用黄泥抟成自己的形状。

第一次塑造并不容易，不只是做得像自己，还要有生命，有智慧，有感情。女娲反复试了几十次，小泥人才有了生命，一个个活灵活现。这小人儿一放到地上，就会跑、会笑。女娲一个泥人一个泥人地捏呀捏，终于累了。女娲想，世界这么大，捏多少人才能填补这巨大的寂寞呢？于是，她想出了一个办法，拿出条绳子，沾上泥潭里的泥浆，扬手一挥，泥点溅落在大地上，变成了一个个的人。

女娲造出了第一批人，她的手臂也酸了。可是，这样造出的人是会死的。女娲又难过了。等他们全死了，这个世界不就又变得荒凉寂寞了吗？

于是，女娲又把人分成了男女，两两配对。这样，他们就可以自己生儿育女。后来，人有死有生，循环往复。也不是所有的人都能配成对，有落单的，就要到庙里去求女娲。

女娲替人们建立了婚姻制度，成了人类最早的媒人。因此，后世把女娲奉为高禖之神，在郊外建神庙祭祀。祭祀时要用"太牢"的礼节（猪牛羊三牲齐备）来奉祀她。

后来，女娲又为人类做了一件大事。

有一天，天忽然塌了下来，把正在休息的女娲吓了一大跳。只听

见天崩地裂，大地上传来一阵阵的号哭。号哭声越来越多，也越来越大。

女娲看见人类徒劳地挣扎着，有的为了逃命还相互残杀。她不忍生灵受灾，于是炼五色石补天。

要说补天，可真不容易，女娲要一趟一趟地从江河里淘出五色的石子，等石子堆成小山一样高后，再生火将这些石子烧化，让它们变成黏稠的石水，然后用石水一点点地补天。

补呀补，从地上飞到天上，再从天上飞回地上，不知道往返了多少趟。天被补住了，雨也停了，太阳出来了，大地上一片欢呼。

天虽然补上了，然而这天与地还在摇摇晃晃，女娲又找到一只老龟，用它巨大的四条腿撑在天地之间。这一撑，就稳当了。

女娲抟土造人，炼五色石补天，折神龟四足撑四极，已经很累了，也用去了她全部的力量。

她睡着了。

远祖华胥氏

很久很久以前，母系氏族社会里，有个女首领，名叫华胥，风姓，也称华胥氏。华胥出生在哪里呢？有人说生于雷泽，有人说生于九河，有人说生于华胥国。文史专家们赞同华胥的故里在今陕西省蓝田县华胥镇这一说法，并且她就葬在那里。

为什么说华胥出生在华胥镇？有记载为证。《蓝田县志》载："蓝田县内有华胥陵，是称三皇故居。"这文献中的记载详细而可靠。

传说，华胥国里有个叫"华胥氏"的姑娘，不但人长得漂亮，而且还聪慧过人。一次，华胥氏到东方一片树木葱郁、景色秀美、叫作"雷泽"的大沼泽边游玩。沼泽边生活着麒麟、金鹿、火凤凰、黄鹂鸟，还盛开着莲花、牡丹、兰草和杜鹃花。华胥氏玩啊玩啊，高兴极了。不知不觉天快黑了，华胥氏也感觉累了，就往回走。

突然，她发现地上有一个巨人的脚印，华胥氏觉得有趣，伸脚踩了踩。脚一踏上去，她全身上下感到一种奇妙的震动，好似打雷时发出的震动。她闭上眼，身体内部仿佛春天般舒畅。

就这样，她感生受孕了。不久，生下一个儿子，取名叫"伏羲"。

伏羲是一个有神力的孩子，并且具有非凡的智慧。据《山海经·海内东经》中记载，雷泽中有雷神，长着龙的身体人的头。他敲击鼓起的肚子就会发出震撼山河的雷声，也许雷神把自己的肚子当成皮鼓来打击了。现在看来，华胥氏踩的巨人脚印，就是雷神的足迹。

据说，自从华胥氏生下伏羲后，华胥国里的人寿命都很长。他们走进水里不怕水淹，走进火里不怕火烧，在空中往来如履平地；云雾遮挡不住他们的视线，雷霆聋动不了他们的听闻。这个国家的人民，成了介于人和神之间的地上神人。

因此，可以说华胥氏是华夏民族的远祖。

人文先始伏羲

伏羲出生在遥远的国度，这个国度叫华胥国。

伏羲，又称作庖牺氏、包牺氏、宓羲氏等，是中华民族的人文始祖，传说中的"三皇之首"。

伏羲聪明过人，又善于思考。他经常仰望日月的起落和夜晚满天星辰的聚散；时常爬到高山之巅，眺望那奔涌的河流与起伏的山峦；既追踪禽兽的形迹，又探寻鱼鳖的浮沉。他时常思考，这宇宙万物之间，难道隐藏着一个很大的秘密？

他边揣摩边用干枯的树枝在地面上画着，画出一条条细细的横线。画着画着，他发现这横线就像黑暗中透出的一线光亮，这光亮就是人类大地上透进的黎明的曙光。一条细细的横线，将天、地、人这三者神秘地联系在一起。

他左一道右一道地画着，夜以继日，灵感如黄河之水，奔流不止，一发不可收拾。终于，他画出了一幅流传千古的图，这个图就是中国人所说的"八卦图"。

这简简单单的三根线，或连或断，宇宙和人世间的奥秘就在这

或连或断中。乾、坤、震、巽、坎、离、艮、兑八个卦象代表八个方位，分别象征着天、地、雷、风、水、火、山、泽，均匀地排列着。

远古时由于野兽横行，人们只好像鸟筑巢一样将房子筑在树上，上上下下很不方便。燧人氏发明了火之后，野兽对人类开始惧怕了。伏羲就让人们从树上迁下来，移居到陆地上。人们也不再混居在一起，而是分族而居，同族之间的人不能通婚，从而繁衍出聪明的子孙。

就这样，人类变得兴旺了。伏羲又教大家把猎来的野兽圈养起来，这些野兽就成了家畜。这时，我们的祖先才真正有了自己的家。

人丁兴旺了，食物就变得短缺了，伏羲又教人们结网，以便捕河里的鱼、天上的鸟。就这样，陆地上走的、水里游的、天上飞的，都可以成为人们的食物。

吃饱喝足之后，伏羲就用土烧出陶埙，吹出声音让人们娱乐，可这埙吹出的声音太苍凉了。伏羲又造出了五十根弦的瑟，这瑟的声音也过于忧伤，伏羲就改成了二十五弦。

至此，伏羲教导人们结绳为网、捞鱼捕鸟、驯服野兽，发明八卦图，教人们如何使用火，并且向人们推广熟食。可能伏羲自己也不知道，因为他，人类文明的曙光已经照在了广袤无垠的大地上。

伏羲死后，人们尊称他为太昊。

伏羲的陵墓在河南的淮阳，叫太昊陵。陵很大，占地875亩。每年农历的二三月，人们都要到他的墓前祭祀追思。

神农遍尝百草

伏羲死后，灵魂升天，做了东方的天帝。只在春天到来的时候，才令春风吹醒大地，让万物复苏。

这时候的人们，自由自在地生活着，享受着兽类的美味和果子的香甜。人们不断地迁徙，在迁徙的路上还不断繁衍着后代。慢慢地，人口渐渐地增多了，野兽也被吃得减少了，野果也难寻觅了。饥饿开始笼罩着茫茫原野。

大地上变得冷清，甚至荒凉。旷野里、河滩上，常常有人走着走着就倒下了；还有一些人饿得无法站立，一个个或坐或躺，发出痛苦的呻吟。

在人们最无助的时候，一个大英雄出现了，他就是神农。

传说神农牛首人身，三岁知稼穑（泛指农业劳动），长大后，身高八尺七寸，龙颜大唇，身材瘦削，身体除四肢和脑袋外，都是透明的。

一天，一只大鸟从天边飞来，越飞越近，只见大鸟的红色羽毛像火在烧，嘴里还衔着一棵九穗的禾苗。大鸟从天上飞过后，穗上的谷

粒落在了地上。神农把它们捡起来，种在了土里。第二年，这片地里竟长出了大片植物，有稻，有黍，有稷，还有麦和菽。据说人们吃了这些东西不但可以充饥，还能长生不老呢。

有人说，五谷是如雨一样从天上落下的；又有人说，是神农在百草中挑选出来的。说法很多。总之，因为神农，人们不再挨饿了。

谷子下种之前，大地上杂草丛生。神农一把火将草木化为灰烬，草灰变成泥土的肥料。因为神农善于用火，人们称他为炎帝。

人们在劳作时常常会累倒，神农又改进了翻土的农具，做成耒耜。这个发明是看到野猪用嘴拱地而生的灵感。

有了农具，人们劳作时不再那么累了。土地就像有了生命，它不断地给人们带来丰盈的收获。有了稳定的收获，人们也就不再迁徙，定居了下来。

后来，神农看到人们生病时会非常痛苦，就想利用草治疗疾病。为了寻找能治病的草药，神农就咀嚼百草尝试药性。有一次，他把一棵草放到嘴里一尝，霎时天旋地转，一头栽倒，原来是中毒了。可是他已经不能说话了，只好用最后一点儿力气，指着前面一棵灵芝草，又指指自己的嘴巴。人们慌忙把灵芝喂到他嘴里。神农吃了灵芝草，毒气解了，也会说话了。

从此，人们知道灵芝草能起死回生。

神农把尝百草获得的知识传给了后人。后人怕忘了，就将其收录在一本书里，书名叫《神农百草经》。

　　神农死后，被葬在炎陵县（今湖南省株洲市炎陵县炎帝陵）。每逢他的生日，人们都会从四面八方前来祭祀他。神农坐在高高的石台上，手里捧着五谷，面相慈爱温暖。一条无形的线，将天、地、人这三者神秘地联系到一起。

人文初祖黄帝

黄帝是中央天帝，五帝之首。

传说，黄帝生而神灵，出生几个月就会说话。他少时思维敏捷，青年时敦厚能干。又传说，他长着四张脸，不仅统治神国，也统治鬼国。他的属神后土是鬼国的王。

黄帝让神荼和郁垒两兄弟统领着游荡在人间的孤魂野鬼，专捉恶鬼，为民除害。这兄弟俩住在东海的桃都山上，山上生长着一棵大桃树，树荫能遮盖三千里的地面，桃树的树枝间便是鬼门，万鬼由此门出入。树顶上站立着一只金鸡，每日第一缕阳光落到它身上，它就开始打鸣。鬼怕打鸣的金鸡，所以都夜间出没，赶在破晓金鸡打鸣之前回到鬼国。

神荼和郁垒守在桃树下，若是出现恶鬼，就用芦苇绳捆住送去山上喂老虎。民间大年三十晚上贴门神，贴的就是他俩的画像。

传说昆仑山山顶有座华美威严的宫殿，是天帝的下都，也是黄帝游玩时住的行宫。管理宫殿的是名为"陆吾"的天神，他是昆仑山山神。陆吾相貌威猛，人面虎身，长着九条尾巴。他也管理着天上九都

和黄帝神苑里的宝物。宫殿里管理殿中衣物的是鹒，即红色凤凰。

黄帝的妻子是嫘祖，她教会人们养蚕、缫丝、织绢。黄帝自己也发明了礼服，使得人类开始有了文明。嫘祖生了昌意，昌意降居在若水，生下韩流。韩流面貌似人非人。他娶了阿女为妻，阿女生下了颛顼。也就是说，颛顼是韩流的儿子、昌意的孙子、黄帝的曾孙。

黄帝教人们播百谷草木，驯养畜禽；造指南车以辨方向，征避水患，削木为船；伐木造室，开始构筑宫殿。

后来，尽管黄帝和炎帝间有了一场著名的阪泉之战，但是经过黄帝和炎帝后代的繁衍，逐渐形成了以华夏族为主体，由多民族相融合的中华民族。因而，后人把文化制度的创立都归功于黄帝，称之为"人文初祖"。

黄帝升天的地方在陕西的桥山，人们在这里给他建了陵墓。数千年来，人们对黄帝的祭祀不绝。

阪泉之战

　　黄帝与炎帝都是上古时代的部落首领。黄帝住在姬水旁，炎帝住在姜水旁。一个姬姓，一个姜姓。黄帝不断向外发展，势力已经从西方扩展到北方。炎帝，则朝着东南进发。还有一个蚩尤，则由东向西推进。

　　就这样，三家为了自己的利益，虎视眈眈。一时间，陷入僵持。但是，僵持只是暂时的，就像狂风暴雨前那片刻的宁静。

　　战争，一触即发。

　　神州大地的上空，乌云密布，沉闷的雷声滚动着，越来越近，越来越近。终于，不可避免的战争拉开了序幕。双方激战于阪泉。

　　阪泉在哪里，古来说法不一。

　　曹魏时期的《灵河赋》中有"涉津洛之阪泉"的名句。所谓"灵河"就是黄河，说明阪泉实际应为黄河沿岸的一个湖泊，具体位置应在今河南洛阳孟津黄河段。也有说阪泉在冀西北的涿鹿。

　　虽然，战争刚刚开始，结局却可以预料。

　　黄帝族拥有众多名将，更有众多部族的支持；而炎帝为了安宁天

下，带兵四处讨伐，不断发动战争，让他疲惫不堪。

首先，炎帝与蚩尤短兵相接。一场恶战下来，炎帝不是蚩尤的对手，仓皇北逃。跑到阪泉后，正要休息，旷野中突然杀出黄帝的部队。

炎帝一看，已经没有了退路，只好硬着头皮与黄帝决一死战。

于是，阪泉的原野上，惊天动地，喊杀声如野兽在咆哮。潮水般的人群挥舞着兵器，呐喊着直压过来。

恶战一连打了三场，鲜血如河水一般流淌在大地上。炎帝军队一败再败，只好投降，炎帝也被俘获。炎帝的部族全归了黄帝，两个大族就此合并。

黄帝大战蚩尤

上古时期，黄河流域居住着许多氏族和部落。黄帝是黄河流域最有名的一个部落联盟首领，另一个有名的部落联盟首领是炎帝。黄帝轩辕氏历经数次战役终于打败了炎帝。可炎帝过去的部下蚩尤不甘心向黄帝称臣，于是与黄帝争权。

黄帝大战蚩尤不可避免地开始了。

蚩尤有八十一个兄弟，个个面目狰狞，浑身杀气，凶猛异常。他们手里的大刀长矛，一件件磨得雪亮，在阳光下直晃人的眼睛。

另外，蚩尤还请了风伯、雨师来助阵，向黄帝发出战书，准备和黄帝一比高下。

黄帝是个爱民如子的好首领，不愿意打仗。可蚩尤步步紧逼，为了正义，黄帝只好亲自率领众多大将与蚩尤对阵。

黄帝首先派大将应龙出战。这应龙，长着两只翅膀，有着锋利的爪子和尖利的牙齿，嘴里还能喷出大火和水。应龙受命后，长长地吸了一口黄河水，"嗖"的一声飞上天，一口将河水喷了下去。大水瞬

间向蚩尤的大军倾泻下去。可是这水并没有浇到蚩尤大军的头上，而是让风伯、雨师挡了回去，狂风暴雨又瞬间向黄帝灌去。

应龙只会喷水，不会收水。结果，黄帝大败而归。

这次失败之后，黄帝重整旗鼓与蚩尤再战，蚩尤施展法术，喷烟吐雾，瞬间茫茫的雾笼罩了一切，使黄帝的军队迷失了方向，阵脚大乱。大雾持续了三天，眼看黄帝的人马就要全军覆没。情急之中，黄帝猛然想起了天上的北斗星，斗柄转动而斗头始终不动。他灵机一动，根据这一原理发明了指南车，认定了一个方向，带领军队撤出了这可怕的战场。

大雾散去，战争还在继续。黄帝和蚩尤又打了七十一仗，败多胜少，黄帝只好暂时休战。

有一天，黄帝得到一部天书，他按照天书指引，设九阵，置八门，阵内布置三奇六仪，制阴阳二遁，演习变化，成为一千八百阵。黄帝重新率兵与蚩尤决战。为了振奋军威，黄帝又用鼓来鼓舞士气。他从东海中的流波山捉来了一头被称为夔的猛兽，又从雷泽捉来了雷兽。用夔的皮做鼓面，用雷兽的骨头做鼓槌，制成一面大鼓。

据说，这夔皮大鼓一敲，能震响五百里，连敲几下，能连震三千八百里。为了能彻底打败蚩尤，黄帝又招来自己的女儿女魃助战。女魃是个旱神，平日里住在昆仑山上，会收云息雨。

接下来两军对阵。夔皮鼓一响，天地为之震动。黄帝的士兵听后士气激增，勇猛杀敌；蚩尤的士兵听后魂飞魄散，弃兵卸甲。

　　蚩尤眼看自己即将战败，便率领他的八十一个兄弟凶悍勇猛地冲杀上去。两军直杀得地动山摇，难解难分。

　　黄帝见蚩尤还是不好对付，又令应龙喷水。应龙张开巨口，吸干黄河水直朝蚩尤的军队喷去，蚩尤没有防备，被冲了个人仰马翻。他赶忙令风伯、雨师掀起狂风暴雨向黄帝阵中打去，只见地面上洪水暴涨，波浪滔天。

　　这时，女魃上阵了。她施展神威，霎时间从身上释放出滚滚热浪，她走到哪里，哪里就风停雨消，烈日当头。

　　风伯和雨师无计可施，落荒而逃。黄帝乘机率军追杀，蚩尤大败而逃。

　　应龙乘机杀死了蚩尤。蚩尤死后，黄帝担心他复活，就把他的头与身子分开来埋葬。头埋在寿张县，身子埋在巨野县。

　　蚩尤后来被人们封为战神。因为他骁勇善战，黄帝曾画他的像去吓唬敌人。秦始皇和汉高祖都曾祭祀过他。一直到宋代，在出师祭旗的典礼中，仍要祭蚩尤。

　　黄帝获胜后，带领着他的子民开拓疆域，繁衍生息。

百鸟之王少昊

在黄帝族与炎帝族的战争中，有个起决定作用的人，他就是少昊。

传说，少昊居住在一个叫长留山的地方，山中的野兽都长着五彩斑斓的尾巴，鸟类都长着五颜六色的脑袋。山上还盛产带有彩色花纹的玉石。

少昊的母亲是天上的仙女皇娥。皇娥年轻时天天在天宫里织布，累了就乘一只木筏荡漾在浩瀚的银河中自娱自乐。有一天，皇娥偶遇启明星（也叫金星），两人相爱后生下了少昊。

少昊出生时，天空中飞来五对凤凰，颜色各异，有红、黄、青、白、玄五色。凤凰飞落在少昊的院里，因此少昊又被称为"凤鸟氏"。

少昊具有神奇的禀赋和超凡的本领。他成为东夷部落首领后，开始以玄鸟（燕子）为本部族的图腾。后来有凤鸟飞来，于是改以凤鸟为族神，崇拜凤鸟图腾。

不久，少昊迁都曲阜，他所管辖的部族以鸟为氏，有凤鸟氏、玄鸟氏、青鸟氏等，共二十四个氏族，形成了一个以凤鸟为图腾的完整

而庞大的氏族部落社会。

后来，少昊在东海之滨建立了一个国家，国家中臣僚百官以鸟类命名，根据鸟类的特点进行分工。其中，凤凰总管百鸟；燕子、伯劳、鹦雀、锦鸡分别掌管一年四季的天时。

除此之外，他又让五种鸟来管理国家日常政事：鹁鸪孝顺，掌管教育；鹫鸟性情凶悍，掌管军事；布谷鸟心细，掌管建筑营造；鹰鸟威严，掌管法律和刑罚；斑鸠活泼善辩，掌管言论。九种扈鸟掌管农业中的耕种和收获；五种野鸡分别掌管木工、漆工、陶工、染工和皮工五个工种。

到了朝堂上商议国事时，百鸟齐鸣，莺歌燕语，嘈嘈杂杂。百鸟之王少昊则端坐在朝堂中央，根据诸鸟的汇报来论功行赏、论过行罚，一切都井井有条。

玄帝颛顼

颛顼在历史上占有十分重要的地位。他本名乾荒，是黄帝轩辕氏的孙子，少昊的侄儿，五帝之一。在有关天神的传说中，颛顼是主管北方的天帝。

颛顼性格深沉有谋略，十五岁时就辅佐少昊，治理九黎地区，封于高阳（今河南杞县东），因此又称他为高阳氏。黄帝死后，因颛顼有圣德，被立为帝。

九黎是远古时代的一个部落联盟，居住在黄河流域中下游地区以及长江流域一带。九黎以蚩尤为首领，他有八十一个兄弟都是九黎酋长，蚩尤是大酋长。

帝颛顼所居住的玄宫为北方之宫，北方属水，色黑。因此，古人说他是以水德为帝，又被称作玄帝。

颛顼把天下分为兖、冀、青、徐、豫、荆、扬、雍、梁等九州。后来人们就用"九州"来代称中国。他又据天象发现了春夏秋冬的规律，编定了历法。他让人们因地制宜去耕种放牧，教人们相处要合着阴阳的变化，也就是自然而然，不要逆天而行。

相传，颛顼有二十四个儿子，由于对他们缺乏管教，他们中的许多人都为害人间，极少有能为人间造福的。那三个死去的儿子，一个变为疟鬼，潜伏在黄河，传播疟疾病菌，害得人发寒热、打摆子；一个变为小儿鬼藏在屋角下，暗中吓唬小孩；还有一个变为貌似童子的魍魉，隐匿在弱水（神话故事中一条特殊的河流，险恶难渡，水面上不可泛舟），夜间施展迷惑人的伎俩，引诱行人失足坠河。

颛顼有一个女儿叫姑获鸟。她昼伏夜出，披上羽毛就能在天空飞翔，脱下羽毛就化身为女人。她有个坏毛病，就是偷别人家的孩子，所以人们对她恨之入骨。

颛顼有个儿子叫梼杌，是一只怪兽，身体比老虎大一点。身上长着长毛，有野猪的牙齿、老虎的爪子，身后拖着一条大尾巴。梼杌经常在旷野为非作歹，几乎没有人可以制服他。

颛顼还有个儿子叫穷蝉，后人称他为灶神。穷蝉在每户人家的灶台上放一只罐子，谁家做了坏事他就往罐子里投一个签，到了年底，罐子里的签如果满了，就称这家人"恶贯满盈"，他就将这家人的恶行报告天帝，这家人就会受到天帝的惩罚。所以，为了不让灶神向天帝报告，民间就有了腊月二十三供奉灶王的习俗。

颛顼陵在河南省内黄县。汉唐以来，代代修葺。到清朝末年，因为地处黄河古道，渐渐被黄沙掩埋了。1986年得以重新清理。

颛顼陵的旁边是帝喾陵，两陵相距很近。

羲和浴日

传说，羲和是帝喾（帝俊）的妻子，她为帝俊生下了十个孩子，这十个孩子就是十个太阳。因此，羲和被尊为太阳神。

那时，羲和住在东南海外与甘水之间的汤谷里。汤谷里有一棵树叫扶桑树，那扶桑树有几千米高，十个太阳从小就住在树上。

这十个太阳也是有职责的，每天出去一个，轮流运行在天空，照亮大地。

羲和作为他们的母亲，每天都要用汤谷里清凉甘甜的水把值班的儿子洗得干净漂亮，让他们体体面面地出行。出行时乘着由六条龙拉着的车。从汤谷到蒙谷有十六站，正好需要一天的时间。

如此日复一日，年复一年，羲和跟十个孩子严格按时度过每一个白昼，给人间送去光明和温暖。羲和也被后人视为温暖的象征，她的光辉洒满人间的每个角落，她也成为善良、慈爱、自制、无私的伟大中国母亲的化身。

尧禅让天下

尧，又称唐尧。传说中父系氏族社会后期部落联盟领袖。尧是帝喾之子，姓伊祈，号放勋，原封于唐，故称为陶唐氏。

尧是一个爱民如子的帝王。在万国争雄的乱世，他团结亲族，联合友邦，征讨四夷，统一了华夏诸族，被推举为部落万国联盟首领。

帝尧在主政期间，派神箭手大羿射日，鲧治水，并且制定历法，推广农耕，整饬百官，还发明了围棋。

传说，尧当政后依然住茅草屋，穿粗麻做的衣裳，吃野菜糙米，时刻注意倾听百姓的意见。他还在简陋的宫门前设了一张"欲谏之鼓"，谁要是对国家或他提意见或建议，随时可以击打这面鼓，尧听到鼓声，就会接见来人，认真听取来人的意见。

为了方便民众找到尧的住处，他让人在交通要道设立"诽谤之木"，就是在地上埋上一根木柱，木柱旁有专人守着，民众如果有意见，可以向看守人诉说。如果来人愿意去朝廷，看守人会给予指引。

"如果一个人挨饿，就是我饿了他；如果一个人挨冻，就是我冻了他；如果一个人获罪，就是我害了他。"这是尧经常告诫自己的话。

有一则帝尧访贤的故事。

当时有一个名士叫许由，他崇尚自然无为，不贪求名利富贵，坚持自食其力，生活简朴，无求于世。得知帝尧要来访他，他便躲了起来。恰巧碰见他的好朋友啮缺，问他要到哪里去。他说："为逃避帝尧。"啮缺又问："为什么呢？"许由说："尧只知道贤人可以利天下，而不知贤人也能害天下。"后来，帝尧拜访了许由，想将天下托于许由。许由说："你治理天下，已经升平日久，既然天下已经治理好了，还要让我代替你去做一个现成的天子，我为了名吗？"

尧一直想让出天子这个位子。

他想让位给儿子丹朱，可丹朱性格傲慢，又喜欢四处游玩，不合适；尧又找到子州支父，子州支父比较谦和，以得了"幽忧"病为借口推辞了。

尧做了七十年的天子后，有人推荐了舜。他又不放心，考察了舜多年，才把位子让给了他。

尧退位之后，生活在山西平阳，据说过得很孤独。

羿射九日

相传，上古时期有十个太阳，每天都有一个太阳值班，按时给人间送去光明和温暖。

忽然有一天，十个太阳全跑出来了。这一出来，就再也不肯回去，神州大地面临灭顶之灾。

庄稼枯死了，树上的叶子烤焦了；江河干涸了，鱼儿躺在河床上翻了白眼；狗呀猫呀，还有鸟儿们都不见了，不知道躲哪里去了；猛兽没有了，人也不见了。大地上一片空旷，明晃晃的太阳底下，好像所有东西都被烤焦了、烤死了。

烈日当空，人类又一次到了生死存亡的边缘。怎么办呢？

帝尧采取了种种办法哀求太阳们回去，并上天求助。十个太阳闹得太不像话，天帝看在眼里，终于坐不住了，要派人去警告它们一下。

派谁去呢？天帝想到了后羿，他是天上射箭射得最好的。派他去最合适。

后羿来到人间，也热得满头大汗。十个太阳没完没了地在头顶上晒着，让人受不了。他仰头看了看，太阳还在天上玩得正欢。

后羿从背后的袋子里抽出一只白色的箭，搭在血一样红的弓上。嗖，后羿射出一支神箭，一个太阳应声而落。不一会儿，一只鸟从天而坠，人们跑过去一看，是一只黑乎乎的长着三只脚的鸟，也就是"三足乌"。

人们见射下来一个太阳，顾不得天上还有九个太阳，叫着、喊着，跳了起来。

此时，天上的其他太阳也慌乱起来，惊慌地四处奔逃，大地上更热了。

后羿又拔出箭，连续射了出去，一个、两个、三个、四个……一只只三足乌跌落下来。

帝尧一看，不能再射了，如果全射下来，天地间就没有光亮了，便让后羿住手。后羿往天上一看，只剩下一个太阳了。

后羿射下了九个太阳，知道得罪了天帝，天上是回不去了，就和嫦娥一起在人间做凡人。人们感激他，崇拜他，走到哪里都有人欢天喜地迎接他。

后来，嫦娥偷吃了后羿的两粒不死之药，飞上了月宫。

夸父追日

夸父是幽都统治者后土的子孙。

幽都在北海，那里有黑鸟、黑蛇和长着毛蓬蓬尾巴的黑狐，还有一座山，山上全是黑色皮肤的人。

看守幽都城门的，是土伯。土伯长着老虎的头，额上有三只眼睛，身躯如牛一样巨大，长着锋利的角和满是血污的手指。

夸父族人住在北方一座叫"成都载天"的山上。人人都是身材高大的巨人，耳朵上还挂着两条黄蛇，手里也握着两条黄蛇，性情很和善。夸父呢，长得有点奇怪：大额头秃秃的，耳朵长长的，双眉浓浓的，身躯又高又大。他还有着惊人的食量，是个大胃王。

有一天，夸父突然异想天开地要抓住太阳，他认为只有抓住太阳，将他固定住，时间才不会一天天地消逝，人们也就能活得更久，这样岂不是帮了人类一个大忙吗？

于是，夸父就决定跟随着太阳的影子一路追赶下去，直到抓住太阳才肯罢休。

追呀追，夸父追着太阳跑了很久，又渴又累，一下子把黄河的水

都喝光了，但他仍然干渴。一低头，看见了渭河，他一弯腰，又喝干了整条渭河的水，然而他仍然干渴。

夸父实在受不了了，痛苦得简直要发疯。

他继续向着太阳的方向跑，突然看见远处有一片大泽，就想喝大泽里的水解渴。

大泽又叫瀚海，在雁门山北边，鸟雀都在那里换羽毛。当时夸父又累又渴，可没等到他到大泽，就在途中渴死了。

夸父死后，他手里的拐杖落在大地上，变成了一片桃林。他的身体化成一座高山，那就是夸父山。

夸父山上，鸟语花香，绿叶茂密，鲜果累累。太阳照耀着它们，光明而温暖。

鲧盗息壤

鲧是黄帝的后代，颛顼的五世孙，大禹之父。

相传，在夏、商、周三代，人们都将鲧列为郊祀对象。鲧跟禹都有治水的事迹，他被杀的原因有许多传说。

《山海经》里的传说是，鲧为治水，窃取息壤，因此被杀。《韩非子》中鲧由于反对尧将天下传给舜，因此被杀。根据屈原《天问》的记载，鲧死后尸体三年不腐。

那么，鲧为什么要盗取息壤？

相传，在尧的时代发生了一场大洪水。随着洪水一起涌向陆地的还有毒蛇、猛兽。大水四处漫溢，尧只好带领民众往高处搬迁，刚落下脚洪水就跟来了，只好再搬，最后来到平阳。

躲总也不是办法，怎么办呢？

后来，尧听取了大臣们的建议，命鲧负责治理天下的洪水。鲧受命后首先奔赴天庭，央求天帝收回洪水，可是没有奏效。于是他又采用"堵"的方法治水，把高地的土垫在低处，以堵塞百川。然而治水九年，大水仍旧泛滥不止。

鲧很着急，便潜入天宫，偷了天帝的息壤。这息壤其实就是一块黄土，但它是天上的宝物。从它的上面取下一小块扔到地上，就能长成一个小山丘。它的神奇之处，就是能生生不息，用也用不完。

鲧深知这样做要背负罪责，但是看到受尽煎熬的人们，他义无反顾地盗出了息壤。

就这样，大地上渐渐看不见洪水的踪迹了，出现了一片连绵起伏的绿野。人们的脸上都绽开了笑容，准备在这大地上重建家园。

正当鲧疲惫不堪，准备休息一会儿时，火神祝融把鲧偷窃息壤的事告知了天帝。天帝震怒，派祝融去杀死鲧。

鲧虽然累坏了，但还在忙着治水。他没有任何反抗，就被祝融杀死在羽山，祝融取回了息壤，洪水再次泛滥。

鲧被杀后，过了三年尸体也不腐烂，天帝怕鲧变成精怪，再次派祝融用最锋利的吴刀剖开鲧的肚子看个究竟。谁知一刀划下去，鲧的肚子里跳出一个孩子。鲧的尸体变成一只黄龙，跳进了旁边的羽渊。

这个从鲧肚子里跳出来的孩子，就是后来的禹。

大禹治水

帝尧时，中原大地洪水泛滥成灾，百姓苦不堪言。禹的父亲鲧奉命去治水患。他在岸边设置河堤，想借以治水，但水越淹越高，最后不得不偷了天帝的息壤，才平息了水患。后来鲧被杀，禹从鲧的腹中出生，长大后被称为"大禹"。

大禹继承父业，着手治水。大禹治水时，很多神灵都来相助。伏羲送来八卦图；河伯送来河图，黄河流域大大小小河流的长短、流向，全都明白清楚地画在上面；应龙在前面挖开淤泥，疏通河道；玄龟背负着青泥在后，填补堤岸的漏洞。

大禹根据黄河水神河伯给的河图，导引着黄河水流到龙门山，可是山体巨大，山石坚硬，水越向前流，越被两岸的大山夹得紧紧的。水越聚越多，一时间浊浪滔天，河水横冲直撞，因为无路可走，水又折回头，倒灌而出。刚刚疏通的原野又是波浪滚滚。大禹左手持凿，右手举斧，足足花费五年时间，终于将龙门山凿出一个豁口。黄河之水，才一泻而下。

这个巨大的豁口，因为是大禹所开，被叫作禹门，也叫龙门。为

什么叫龙门呢？在每年春天桃花盛开的时候，黄河的河川里会游来无数的鲤鱼，它们要从这里逆流而上，跃禹门而出。如果有鲤鱼跃过了禹门，就会风雨大作，鱼化成龙。于是这座门又叫龙门。

大禹治水的路上，遇到了一只神通广大的水兽，叫无支祁。无支祁住在桐柏山，样子奇怪，是一只白头青身的猿猴。塌鼻子，凸额头。火眼金睛，往来如飞，力气比九头象还大。它的脖子一伸就有一百丈长，可见何等巨大。

得知大禹要来治水，无支祁担心再也不能随心所欲地翻波起浪，很是生气。一时间，狂风大作，电闪雷鸣，树木巨石发出阵阵怪叫。淮水也是波涛滚滚，四处漫溢。大禹先后派出了大将童律、乌木由、庚辰前去捉拿，追捕了九天九夜，才将无支祁擒获。大禹用大铁索锁住无支祁的颈，用金铃穿住它的鼻子，把它压在淮阴龟山脚下。从此，淮水风平浪静地流入东海。

大禹治水时来到涂山。在桑树林里，他看见一只长着九条尾巴的白狐狸从面前一晃而过。禹很高兴，因为涂山流传着一个传说：遇到九尾白狐，可以成家成室。这只九尾白狐遇见大禹后，摇身一变，化为叫女娇的女子，在桑树林里唱起婉转的歌。

大禹与女娇相爱了，不久，他们在桑树林里结了婚。

可是，大禹治水太忙了。结婚才四天，禹就匆匆走了。洪水无情，急事都等着他去处理。大禹走后，三次路过家门，却没有时间回家看女娇。

女娇想念大禹，每天爬到山上往远方眺望。她望不见心爱的丈夫，忧伤极了，不由自主地唱起了《候人兮猗》这首歌。歌名的意思是，我在等待我爱的人啊！《吕氏春秋》记载，这是目前所知最早的一首南方民歌。

女娇等不到大禹，就决心去找他。她在辕山找到了禹，大禹正在打通辕山，吃饭也不准时。于是，她每天给大禹送饭。不久，女娇怀孕了。

大禹怕女娇因为开山而发出的巨响受到惊吓，就约定敲鼓为号，听到鼓声再去送饭。一天，大禹不小心碰到了鼓，"嘭"地响了一声。女娇听到鼓声，以为丈夫要吃饭了，就连忙提着篮子送饭过来。到了山前一看，哪里有禹，只有一只大黑熊，正咆哮着在挖山。女娇吓得转身就逃。

女娇害怕极了，一直跑到山下，她再也跑不动了。这时，禹也已经追到她的跟前。女娇一急，变成了一块人形的大石，一动不动。禹站住脚，也变回了人形。一看妻子变成石头，大禹眼泪都急出来了，妻子还怀着身孕呢！突然，那石头一声巨响裂开了，从里面跳出一个小孩，哇哇大哭着。禹给他起了个名字，叫启。

大禹专心治水，并从父亲治水的经历中得到了教训，改堵为疏。他把四处泛滥的水引入小河，小河引入大河，大河再引入东海，终于将天下河川治理顺畅了。

水患平息后，大禹用天帝赐给他的息壤重造了九州，并铸了九只

巨鼎，每只鼎上铸着九州的山川名物、珍禽异兽和神鬼妖怪。九鼎一直传到秦朝，据说有一只落在泗水里，秦始皇派了上千人，捞了很久也没捞起来。其余八只则下落不明。

大禹除相柳

　　上古时代，洪水泛滥，害得人间民不聊生，人们的生活十分困苦。大禹奉命治水，他吸取了父亲鲧治水失利的教训，采用新的治水方案：顺着水性和地势，以疏导为主，以堵塞为辅。

　　大禹给大家分配了任务：应龙负责导引江河主流的洪水；群龙负责导引江河支流的洪水；伯益焚山烧荒，驱散猛兽毒蛇；玄龟驮着息壤跟随自己填沟固坝，垫高人们居住的地方。如此分工明确，人们终于看到了希望。

　　可是，这可惹恼了水神共工，因为这洪水是天帝命他降下来惩罚人类的。共工下决心给禹找麻烦，以阻止大禹治水。他找来自己的臣子相柳，让他来阻挡禹一行人的行动。

　　相柳是一个九头人面蛇身的怪物，身子呈黑色，盘绕而上；他贪婪成性，九个脑袋能同时在九座山上取食。他一吞一吐，所到之处皆变成沼泽；泽中的水苦涩无比，人兽都无法生存。

　　相柳接受共工的命令后，到处吃河堤大坝上的土，使河道中的洪水四处泛滥。眼看着治水工程就要前功尽弃，大禹决定除掉相柳。

　　大禹派出八名勇士分别对付相柳的八个脑袋，自己则负责砍杀相柳中间那个脑袋。就在他们被相柳的毒水包围的时候，后羿用神箭帮助禹射杀了相柳。

　　被杀死后的相柳，血流遍野，腥臭难闻，使五谷不生，万民涂炭；加上其地多水，百姓无家可居。

　　大禹想用土把血流堵塞住，但堵塞了三次，整块地都陷落下去。没办法，只好做成一个池子。各方天神在池畔筑起一座高台，用来镇压妖魔。

　　就这样，恶神相柳被除去，洪水被治理，人们重新过上了安乐的生活。

大舜传说

舜是五帝之一，受尧的"禅让"而称帝，国号为"有虞"。

舜虽然是帝颛顼的七世孙，但自六世祖穷蝉起都是平民，舜的父亲瞽叟是个盲人。相传，舜的父亲和继母生了一个弟弟，名字叫象。父亲、继母和象多次想害死他，有一次他们趁着舜修补谷仓仓顶时，从谷仓下纵火，幸好舜手持两个斗笠跳下脱险；还有一次舜在掘井时，瞽叟与象往井里填土，想把舜活埋，舜掘地道得以逃脱。

然而，事后舜毫不怀恨，仍对父亲恭顺，对弟弟慈爱。他的孝行感动了天地。舜在历山耕种，大象替他耕地，鸟儿代他锄草。

帝尧听说舜非常孝顺，又有处理政事的才干，就把两个女儿娥皇和女英嫁给了他。又经过多年考察，选定了舜做他的继承人。舜登位后，去看望父亲时，仍然恭恭敬敬地行礼，并封象为诸侯。

舜家境清贫，因此，少时从事各种劳动，历经坎坷。除了在历山耕耘种植，还在雷泽打鱼，在黄河之滨制作陶器。工作过程中，由于舜的德行不断感染着周围的人，凡是他工作的地方都会很快发展起来，变得富庶且民风淳朴。

　　传说，舜执政后有一系列重大政治行动。他重新修订历法，又举行祭祀上天、祭祀天地四时、祭祀山川群神的大典。还把诸侯的信圭收集起来，再择定吉日召见各地诸侯君长，举行隆重的典礼，重新颁发信圭。

　　总之，以大舜为代表的帝王所创造和实践推行的治世理念，是中华传统文化的重要里程碑、道德文明的重要基石，其精髓是讲孝道，重教化，包含了中华传统道德的各个方面。

帝尧访舜

　　传说，舜做帝王之前，在家乡诸冯（今山东诸城市）种地。当时人们食草籽、猎野兽，还不懂得如何种庄稼。舜辛勤劳作多年，终于悟出一套农事经验，连年五谷丰登，因此在当地成了名人。

　　当时统治天下的帝尧已经年纪大了，正在寻找继任者。部族首领四岳就把舜推荐给了帝尧。尧听了四岳的介绍，对舜非常敬佩仰慕，连忙派大臣罕去请他，要他到身边来教百姓农事。

　　罕带了一队人马，浩浩荡荡地来到诸冯，正好碰上舜在山坡上育苗。罕便问道："你是舜吗？大王请你去见他。"语气中带着一股傲气。"我是个种地的，叫我干什么，没空，你回去吧！"舜奇怪地打量了罕一番，平静地回道。

　　"别啰唆了，大王要重用你，快走吧！"罕又催促了。舜看罕这样傲气，也有些生气，但还是平静地说："种地的人只想着一年的收成，不想什么重用不重用，你回去吧。"

　　罕火了，呵斥道："大王叫你，你敢不去吗？"

　　舜回答道："大王的旨意是不能违，但现在叫我的不是大王，而

是你，我不去。"

罕没法子，就带着人回去了。乡亲们见了，都为舜捏了一把汗，生怕舜要遭殃。

转眼到了耕种的季节，舜套了两头牛，没日没夜地在地里耕作。一天，日已偏西，舜仍在耕作。这时，从山坡走来一个人，到了舜耕作的地头上，满面笑容地向舜打招呼："老弟，这是您种的地吗？"

舜点点头说："是。"

来人又问了一些问题，舜都一一回答。那人走向前，拉住舜的手，亲热地说："我可找到您了。"来人自报姓名："我是尧，特意来请您的。上次我派罕来，他冲撞了您，我替他赔礼了。"

舜听了这话，很感动，一下子跪到尧的脚下，说："您是天下黎民百姓最尊敬的帝王，亲自来找我，我能说什么呢？再说，一个帝王替大臣向小民赔礼，实在太重贤了。"

尧急忙拉起舜说："您别这样，我是想让您把耕种的本领教给天下人，让他们都过上好日子。"

从此，人们学会了耕种的技术，日子一天比一天好。

太公钓鱼

　　渭水河的旁边，有一眼泉水，这泉叫兹泉。泉水清澈，四周游鱼如织。泉边的大石头上，端坐着一位手持钓竿的老人。这老人蓄着银色的胡须，头戴一顶斗笠，穿着洗得泛白的青布衣。看似在钓鱼，眼睛却望着天边，不知在想什么。

　　这老人就是姜子牙，姜姓，吕氏，名尚，字子牙。也就是我们常说的姜太公。

　　吕尚出生在东海之滨，他的祖上是帝舜时主管礼仪的伯夷，后分封在吕，后代就以吕为氏。年轻时的吕尚，一贫如洗，却喜好天文地理、文韬武略，对于耕田种地、养家糊口却不在行。

　　吕尚本是入赘在妻子家的。妻子看他这样无能，一顿责骂，把他赶出了家门。吕尚只能在外漂荡，他认为自己我有满腔远大的志向，总会有人赏识的。其间，吕尚还做过屠夫。

　　这一荡就到了六十岁。

　　吕尚万般无奈，一路往南，过了黄河，在棘津渡口停了下来。吕尚四处询问，想打点零工。此时，他已经是一个年近七旬的老人了，

谁肯用他？他只好在渡口旁租房开了一个小小的饭铺。没过几年，饭铺也倒闭了。

后来，吕尚听说周国的国王姬昌是个敬老慈幼、礼贤下士的人，便去投奔他。

走啊走，这一走就是一千多里，终于到了岐山之下。他思来想去，没有直接去投奔姬昌，而是在渭水旁边的磻溪暂居下来。平常，就在磻溪钓鱼，打发时间。

吕尚坐在岸边，钓来钓去，还是没有鱼儿上钩。他也不在意，眼睛望着远方，实则已经神游万里。

有一天，一大队人马逆着渭河，沿着磻溪奔过来，从阵势上看，应该大有来头。

果然，这是姬昌在外出打猎。

出猎前，西伯侯姬昌卜了一卦。卦词很怪，说他这次狩猎，"所获非龙非螭，非虎非罴（熊的一种，即棕熊）"，而是成就霸王之业的辅佐之臣。

尽管一路上人喊马嘶，猎狗奔来奔去，吕尚却一动不动，继续钓鱼。姬昌心里很奇怪，走近一看，鱼篓是空的。姬昌便问："先生喜欢钓鱼啊？"吕尚抬头看了看姬昌："谈不上喜欢，你看我的鱼钩是直的，愿者上钩。"

吕尚继续说："钓鱼就像玩权术。用厚禄收买人才，用重金收买死士，用官职招揽人才，都如同用饵钓鱼。凡是垂钓的人，目的都是

得到鱼，这里面的道理很深啊！"

姬昌心想：我祖父太公就曾说过，当有圣人来到我周国，周国就会兴起，难道这个人就是我要找的人吗？"先生，您能对我详细说一说吗？"姬昌心里非常激动。

"钓鱼，细小的钓丝钓小鱼，鱼饵清晰可见，小鱼就会上钩；中等的钓线钓中等的鱼，但鱼饵要香；又粗又长的钓绳钓大鱼，鱼饵也要丰盛，鱼只要贪吃香饵，就会被钓住。一样的道理，人如果想得到君主的俸禄，就会听从君王的驱使；用高官厚禄，就能网罗到人才。以家为本，就能取得国家；以国家为本，就能取得天下。圣人所考虑的事，就是让天下人各得其所，最后使得天下归心。"

姬昌急忙问道："那怎么才能让天下归心呢？"

吕尚笑了笑，回答说："天下不是一个人的天下，而是天下人的天下。能与天下人分享天下利益的，就可以取得天下。独占天下利益的，就会失掉天下。能为天下人谋求利益的，就是王道。道之所在，天下归之。"

姬昌一听，大为叹服，便请吕尚登上他的车子，一起回都城。回到都城后，姬昌立即拜吕尚为太师。

自此之后，人们就称吕尚为太公望，又叫其姜太公。

共工触山

共工，又称共工氏，是中国古代神话中的水神，常控洪水。

传说，共工是个恶神，人面蛇身，长着红头发，愚蠢暴躁。他有个臣子叫相柳，也是人面蛇身，有九个脑袋，性情残酷贪婪；他还有一个臣子叫浮游，死后化作一头红熊，跑进晋平公的屋子，躲在屏风后朝内窥看，把晋平公吓得生了场大病。

共工有个没有名字的儿子，死在冬至这天，化为厉鬼作祟人间。这个鬼无法无天，肆意妄为，唯独害怕红豆。于是，聪明的人便在冬至这天做红豆稀饭以祓禳。

共工还有个叫脩的儿子，性情恬淡，喜欢四处漫游，只要是车、船或步行能到达的地方，他都去。脩死后，人们奉祀他为祖神。古时候人们每逢要出远门，都会先祭祖神，设酒宴钱行，称为祖道或祖饯，以获取神灵护佑，确保出行平安。

传说，水神共工一向与火神祝融不合，他与火神发生了一场可怕的战争。战争中，担当水神先锋的大将是相柳和浮游，他们猛扑火神祝融居住的光明宫，把光明宫四周长年不熄的神火浇灭了。大地顿时一片黑暗。

祝融驾着遍身冒着烈焰的火龙出来迎战。所到之处，雨水齐收。黑暗渐渐退去，大地重现光明。

共工恼羞成怒，命令相柳和浮游将江河湖海的水汲上来，往祝融的光明宫泄去。霎时间，只见长空中浊浪飞泻，黑水翻腾，神火又被浇熄了。

可是，大水一退，神火又烧了起来，加上祝融请来风伯帮忙，风助火威，火乘风势，烈火直扑共工。

共工他们被烧得焦头烂额，东倒西歪，率领水军且战且退，逃回大海。火龙乘胜追击，所到之处，海水滚滚向两边翻卷，让开了一条大路。代表光明的火神祝融大获全胜。

相柳逃之夭夭，浮游活活气死，共工心力交瘁，无法再战，狼狈地向天边逃去。共工一直逃到不周山，回头一看，追兵已近。他又羞又愤，一头撞上不周山，"哗啦啦"一声巨响，不周山竟让共工撞折了，成了两截，坍塌下来。

不周山一倒，整个宇宙全变了。天空中的太阳、月亮、星星纷纷向西边滑动；江河里的水向东流去，汇聚成我们今天所见到的海洋；气候也分成春、夏、秋、冬四季，一年按次序循环。

整个世界变得越来越有次序，越来越多姿多彩。

愚公移山

传说，太行、王屋两座山，方圆七百里，高七八千丈，在冀州南边，黄河北岸的北边。

北山下面有个叫愚公的人，快九十岁了，在山的正对面居住。他苦于山区北部的阻塞，出来进去都要绕道，就召集全家人商量："我们挖平前面的大山吧，使道路一直通到豫州南部，到达汉水南岸，可以吗？"家人纷纷表示赞同。

但是，他的妻子非常担心："凭你的力气，连魁父这座小山都挖不动，能把太行、王屋怎么样呢？再说，往哪儿搁挖出来的土和石头？"众人说："把它扔到渤海的边上，隐土的北边。"

说干就干。愚公领着三个儿孙，挑起扁担竹筐上了山。他们凿石挖土，将土石运到渤海边上。邻居京城氏的寡妇有个儿子，刚七八岁，也蹦蹦跳跳地加入挖山队伍中。

就这样，九十岁的愚公带着一群孩子，挑着泥土和石块，唱着歌，往返于太行、王屋山和渤海之间。

黄河边有个智叟，看到这支老弱的队伍，就讥笑愚公："愚公啊，

你简直太愚蠢了！就凭你这丁点儿力气，连一棵小树都拔不起来，又能把太行、王屋两座大山怎么样呢？"

愚公笑着回答说："智叟啊，你的思想真顽固，那棵小树没有被拔起，是因为我没有去拔它。山虽然高，但我已经开始搬山了。我虽然年纪大了，还有儿子在呀；儿子又生孙子，孙子又生儿子；子子孙孙无穷无尽。可是山不会增高加大，还怕挖不平吗？"

智叟听了，无话可答。

手握黄蛇的山神，坐在山顶上，听到愚公的话，怕他没完没了地挖下去，便报告了天帝。天帝被愚公的诚心感动，命令大力神在一个月黑风高的夜晚，偷偷地将这两座大山搬走，一座放在朔方的东部，一座放在雍州的南部。

从此以后，他们可以沿着平坦的大路，走到他们想去的地方。冀州的南部，直到汉水南岸，再也没有高山阻隔了。

不到黄河不死心

　　传说，很久以前，黄河水每隔一千年就会澄清一次。后来不再澄清了。这是为什么呢？是被彭祖的心血搅浑了。

　　彭祖是彭城（今江苏徐州）人，民间传说中最长寿的一个人。据说，他活了800多岁。

　　在彭祖800岁大寿时，子孙们为他大摆寿筵。正巧神仙麻姑从此地经过，听人说彭府的彭祖过800岁大寿，于是笑道："小孩子做什么寿？"

　　彭祖的子孙们很孝顺，听到这个貌若十七八岁的小姑娘口出不逊，就和她吵了起来。彭祖也听到有人称他是"小孩子"，知道来人不一般，忙让家人出门迎接。见到麻姑后，问道："我今年800岁了，你怎么还觉得我是小孩子？"

　　麻姑没有回答他，而是笑着问："你看我有多少岁？"彭祖说："十七八岁吧。"麻姑说："我多少岁自己也记不清了。只记得三次看到东海变成桑田。"

　　彭祖半信半疑，就问她："那你说现在离黄河水澄清还要多久？"

麻姑说："还要一二百年吧。"彭祖说："到了那一天，你带我去看看如何？"麻姑答应了彭祖。

一百多年后，黄河水又变清了。麻姑遵守自己的诺言，来找彭祖一起去看黄河，可此时彭祖已经死了。

麻姑说："彭祖人死心未死，你们开棺看看吧。"人们打开棺材一看，果然彭祖虽然尸身都烂了，一颗心仍然是鲜活的。

麻姑把彭祖的心带到黄河边，让它看看变清了的黄河水。她捧着彭祖的心，在岸边说："彭祖，黄河水变清了，你看看吧。"

话音刚落，彭祖的心就化作滴滴鲜血滴入黄河。只见黄河水又慢慢变浑了，而且从此再也没有清过。

如今，黄河水仍然是黄的。

"不见黄河不死心，见了黄河就死心"就是这样来的。

冯夷画河图

古时候，有个叫冯夷的人，一心想成仙。一天，有人告诉他说喝一百天水仙花的汁液，可以成为仙体。他就到处找水仙花。

冯夷常常渡过黄河去找水仙花的汁液。九十九天过去了，只要再吮吸一天汁液冯夷就成仙了。冯夷很得意，又过黄河去找水仙花。

冯夷刚走到黄河中间，水涨了。他脚下一滑，跌落在黄河中被淹死了。死后，冯夷当了河伯。

后来，受玉帝的指点，河伯开始画河图。等图画好后，河伯也年老体弱了。河伯看着画好的河图，只叹自己已无力照着河图去治河了。河伯想，总有一天会有人来治理黄河的。

果然，大禹来了。河伯就将河图送给了他。大禹见图上黄河的水情画得一清二楚，很高兴。大禹得了黄河水情图，根据图上的指点，治理好了黄河。

铁牛镇河

黄河沿岸最常见的镇水灵物是铁犀，俗称铁牛。用铁牛镇水，有两种解释：一是"铁者金也，为水之母，子不敢与母斗，故蛟龙咸畏之"。一是犀为神牛，牛能耕田，属坤兽。坤在五行中为土，土能克水。

黄河下游镇河铁犀有多处，山东境内阳谷县张秋镇的一只铁犀最有名。当地还有一段关于这只铁犀的传说。

大运河自开通以后，来往的商船、官船络绎不绝，首尾相接。船从南来，过了黄河就是张秋镇，张秋镇就显得一派繁忙。

有一年秋天，黄河水陡涨，人们都跑到大堤上抢险防患。忽见东堤外平地涌起一股泉水，水柱喷出有一丈多高。人们忙用柴草沙石填堵。

可是，堵上什么冲走什么，堵也堵不住。

忽然，泉边出现一位老者，只见他手拈银须，笑着指一指泉水说："这是天龙的鼻息，它现在正喘气觅食呢！如有一头活的铁牛充饥，这水就消失了。"说完，人就不见了。

　　众人不胜惊异，可是救灾心切，只得到处寻找"活铁牛"。有两个农夫也加入了找"活铁牛"的队伍，因为连日奔波疲倦，就在北海子村头的一棵大树底下歇息。只见树下放着一条扁担，一个少年正在树上摘榆叶。这时，村中一位妇人高喊"铁牛"，那少年一面答应，一面从树上溜了下来。

　　少年见两个农夫相对叹息，就问缘由。两个农夫如实相告。少年略一沉思，对农夫说："二位不必发愁，我就是活铁牛。"说罢就请农夫带路，往泉边走去。

　　人们问他有什么办法止水，少年默不作声。只见他扛起扁担，纵身跳入泉中，泉水顿时不再喷涌。

　　人们呼唤着少年的名字，哪里还有他的影子。于是，人们在泉水涌起的地方，堆土为丘，称之为"戊己山"。又在"戊己山"下铸了铁树和铁牛像，让铁牛卧在树上，当地人称之为"铁牛上树"，用来纪念那位保全乡邻牺牲自己的英雄少年。

铁钟镇河

铁钟被视为镇水灵物，见于河口地区的垦利区。这儿的史口镇原有一口大铁钟，关于这口钟，还有一个传说。

传说，不知是哪年哪月哪日，黄河上游突然决口了，滚滚洪水顺河而下，人们纷纷往高处跑着，来不及跑的人就被河水吞没了。逃到高处的人也是缺衣少粮，啼饥号寒，盼望着河水早日平息。

一天夜里，狂风大作，泛滥的河水波浪翻滚。此时，还在睡梦中的人们，听到河里发出一种似人说话的声音，并伴有铁器的撞击声："当……当……我去史口，当……当……你去八庄。"天亮后，风不知什么时候停了。人们起来一看，河水渐渐向下退去，大家高兴得欢呼起来。这时，有眼尖的村民看到水中有一个黑乎乎的东西，人们走近一看，原来是一口大铁钟。

人们疑惑，这么重的铁钟，是怎么到黄河里去的呢？年长的人看过铁钟说："这一定是上天赐给我们治水的，我们得建庙堂寺院，供拜神佛。"后来，人们在史口镇建起了一座庙堂寺，把大铁钟挂在庙中，天天有人撞钟祈祷。

黄河黄大王

据清朝史料记载，黄河之神是一位明朝末年的书生，他姓黄，名叫黄守才，后人将其称之为"黄大王"。

黄守才是河南偃师人士，出身于农家，自幼丧父，由母亲含辛茹苦地将其抚养成人。

有一次，母亲在井边为别人洗衣服，黄守才在一旁玩耍，他看到井中自己的影子，以为井里有个小孩，觉得好玩就跳到了井里。母亲见状吓坏了，急忙呼喊邻居帮忙救援。大家赶过来一看，黄守才坐在水面上，正在拍水玩耍。众人见他没有沉下去，很是惊讶。

后来，黄守才的母亲去世了。他的姑姑是一个渔民的妻子，家里没有孩子，就把黄守才接回家当成自己儿子抚养。从此，黄守才跟着姑姑、姑父生活在船上。他天性喜欢游泳，天天以玩水为乐。

由于黄守才太爱玩水，他姑父很生气，开始讨厌调皮的黄守才。有一天，黄守才的姑父将他推入黄河中，可他不但没有淹死，还抱着一条大鲤鱼在水里玩耍。

经过这一次的波折，黄守才的姑姑知道丈夫不喜欢侄子，为了避

免侄子再次被丈夫加害，就让他跟人学放牛，当一个放牛娃。

有一次，黄守才放牛路过一所私塾，羡慕地在旁边偷听。私塾先生发现后，见他聪明好学，就收留他，让他跟着学习。

黄守才经过刻苦学习，考中了秀才，并娶了杨员外的女儿，有了属于自己的家。又过了几年，黄守才的姑姑、姑父相继去世，他便做了教书先生。跟他学习的学生越来越多，他的名气也越来越大。

河南开封的周王听说黄守才的名气后，派人将他请到王府，让他做了帮自己出谋划策的高级幕僚。

不久，李自成的士兵围困了开封，周王府上下人心惶惶。好在黄守才早有准备，买了几十艘船，停泊在黄河边，以备不时之需。

此时，李自成派人将黄河挖了一个决口，想用黄河水淹开封城，逼迫周王投降。黄守才率领众人驾驶船只，将周王和他的亲随数百人救到了船上，逃出了包围。李自成发现后，赶紧派人追击他们。天空忽然起了大雾，众人安全脱险。

后来周王去世，清朝大军平定了河南，可是李自成挖开的黄河决口依然没有堵住。朝廷也是没有办法，就贴出告示，招聘天下贤才堵塞决口。

为了拯救无辜的河南百姓，黄守才出来应募。他亲自指挥众人在合适的地方筑堤坝，就在大堤即将合拢的时候，黄守才挑了四个健壮的士兵，让他们各自抱着一根木桩，跳进决口。四个士兵怕死，抗拒黄守才的命令。经过黄守才的劝说，四人不再畏惧，人人喝得酩酊大醉，各自抱着一根粗木桩跳进了决口。只见"血随波泛，桩定埽进"，

黄守才赶紧命令周围的工人往下扔石头、木块、沙袋。黄河的决口就这样被堵上了。

黄河决口堵上之后，洪水退去，但是水中积沙又成了问题，河道淤塞，大型船只无法通行，不能运粮运米。

朝廷只好又求助黄守才。

这次，黄守才对河道总督说，他准备在某月某日兴工疏浚河道，请总督提前发布告示，让居民远远躲避，他一个人就可以完成这件事。

到了黄守才指定的日子，忽然天空暗了下来，雷电大作，风雨交加，云雾中突然出现一条巨大的黑龙，尾巴下垂到河水之上，一时间，天地震动，河水翻腾。三日后黄守才治沙才告结束。

风平浪静之后，河道总督带人前去查看，只见河道游沙已被清除，而黄守才却不知去向。

原来，黄守才因为这次疏浚河道积劳成疾，去世了。

河道总督大为感动，向康熙皇帝奏明了黄守才的赫赫功劳。康熙皇帝下旨，封黄守才为"灵佑襄济显惠黄大王"，享受王爵待遇，并且在河边为他建庙祭祀。

因此黄守才成为黄河之神，被人尊称为黄爷、黄龙王、黄大王。

此后，每逢朝廷官员祭祀黄河之时，人们都会看到黄守才身披蟒袍，头戴冕旒，站在滚滚波涛之上；他的左右有四位将军侍奉，就是当初抱着木桩，跳进黄河堵住决口的四个士兵。

黄河大王与秃尾巴老李

秃尾巴老李的传说在山东各地流传，它与地方风物和历史相联系，其情节枝干基本相似，枝节各有不同。

在山东济宁地区梁山境内，流传着一则秃尾巴老李的传说。

老李本是汶上县草桥人，四十岁时任黄河巡察，为官正直。当时黄河常常泛滥，他就带领大家修堤筑坝。

有一年夏天，黄河里的黄龙奉了玉帝的旨意，要决黄河淹山东。李巡察亲自跳到水里挖泥堵口，因为他是朝廷命官，黄龙也不敢淹死他，许多堵口的民工因此被淹死。

为了堵住奔腾的黄河水，保护两岸的百姓，李巡察不顾个人安危。只见他脱掉朝靴，黄水退一尺；脱掉蟒袍，黄水再退一尺；最后他扔掉官印，摘掉头上的乌纱帽，黄水全退了，但他自己也被淹死了。

后来玉帝感其忠贞，封老李为领水大王，代管黄河。此后，黄河下游好多年没有水灾。

山东菏泽市牡丹区王浩屯镇则流传着"秃尾巴老李助张曜平西

夏"的传说。

元帅张曜为人忠厚，为奸臣陷害，带着老弱残兵去平西夏，打一仗败一仗。这时，秃尾巴老李化成一个道士，见到张曜，告诉他要想打胜仗，就给士兵们一人做上一身棉衣，到某日某刻穿上。

到了约定的时间，突然下起了冰雹，西夏兵穿着单薄，都被冻死了。而张曜的士兵穿着棉衣，一点儿事没有。

秃尾巴老李因此功被皇帝封为九江八海督龙王。

所谓"大王"，就是掌管黄河的水神。黄河自鲁西南入境，深深地影响着当地百姓的生产生活。在当地人眼中，黄河既是赖以生存的生命之河，又是一条灾难之河。不可预知的河水泛滥，常常让鲁西南的百姓流离失所，家破人亡。因此，生活在黄河边上的人们对于黄河和掌控黄河的神灵们，自然就格外敬畏，对"大王"的崇拜也深入人心。

鲁西南地区多处建有大王庙：济宁市有河神总祠、金龙四大王庙；菏泽市鄄城县境内有旧城、董口、苏泗庄等大王庙。其中旧城镇的大王庙规模最大，每年二月二、三月三、五月十八、十一月十八，都会举行盛大香火会，会期三天，人们在会上搭台唱戏，以祭祀大王。

黄荷与黄河

从前，有个在黄河里打渔的老头，他有个女儿叫黄荷。有一天，老头在河中捞起一个小男孩，这男孩和黄荷一般年纪。老头将男孩带回家。因为是在黄河里捞起来的，便给他起了个名字叫黄河。黄河渐渐长成了一个英俊威武的小伙子，黄荷也生得聪慧漂亮，老头便把黄荷嫁给了黄河。

有一年除夕，老头突然得了一种怪病，不吃不喝，这可急坏了黄河和黄荷。他们又求神，又请医，老头的病还是不见好。

有一个对黄荷不怀好意的财主，可乐坏了。他让人装神弄鬼，告诉黄荷要治好她父亲的病，就要用悬崖草、河底沙做药引子。

小两口一听，就信了财主的话。黄河去河底取沙，黄荷去悬崖挖草。谁知黄河一去不复返，淹死在河里。黄荷知道后哭得死去活来。

不久，黄荷的爹娘相继去世。

财主一看时机到了，就千方百计迫使黄荷嫁给他。黄荷为了给丈夫报仇，假装同意。不过，她让财主向着黄河取沙的地方叫三声"爷爷"。

财主娶黄荷那天，黄荷穿了一身洁白的衣裳，站在河边，泪水像

断了线的珠子。正当财主面对黄河叫"爷爷"的时候，她趁财主不备，猛地将他推入河中，然后自己也跳了下去。

河水马上掀起大浪，浑浊汹涌，气势逼人好像在向人们诉说着黄荷的不幸遭遇。

王尔德斗黄河怪

很久很久以前，宁夏到处都是青山沟壑，没有一块平整的农田。黄河里有两个妖怪——黄风怪和黑风怪，还时时出来搞破坏。每到夏天黄河泛滥，黄河水像一匹脱缰的野马，肆意地奔流着，日夜怒吼。

那时候，在牛首山住着一个叫王尔德的回族老汉，祖祖辈辈都是从山底挑水到山上种地，尽管老老小小日夜忙个不停，却还是过着吃不饱穿不暖的艰苦日子。

有一年，七十多岁的王尔德老汉在山头开了一个菜园，种了一些黄瓜。他每天起早贪黑去黄河里挑水，浇灌菜园。来来回回，肩膀压肿了，脚底也磨起了大血泡。他实在太累了，就躺在菜园边睡着了。

睡着睡着，王尔德老汉做了一个梦，梦见从遥远的天边飘来一朵白云，白云上坐着一位白胡子老翁，他摸着胡须对王尔德说："今天要刮大风，黄风怪会把黄瓜秧吹倒，黑风怪会把黄瓜吹落。可你记住，不管多大的风，也不要把黄瓜摘下来。"

王尔德老汉从梦中惊醒，只见黄风从北方铺天盖地刮来，果然将

黄瓜秧刮倒了。到了后晌，又刮起了黑风，吹得地动山摇，树叶落了一层又一层，黄瓜也快要被吹掉了。他没有听梦中老翁的话，将又小又蔫的黄瓜摘掉了，还将这些黄瓜扔进黄河里。

此时，奇迹出现了。只见黄河瞬间裂开了一道缝，像是用刀切过一般，河底非常清晰地出现在王尔德老汉面前。王尔德老汉一阵惊喜，没过一会河水"哗"的一声又合拢了。他又累又饿，坐在河岸上昏昏沉沉地又睡着了。

这时，他的耳边又传来白胡子老翁的声音："你种的黄瓜是降服河怪的法宝，它能让黄河断流，也能让黄河听话，黄河就是让这两个妖怪给折腾苦了。你明年还种黄瓜，到时摘个最大的扔进河里，那时你就可以走进河底的洞里，捡珠宝和粮种，还有那把斩龙杀妖的宝剑，黄河就听从你的话了。"

第二年，王尔德老汉照着白胡子阿訇说的办了。他挑了一根最大的黄瓜扔进黄河里，只听"轰隆"一声巨响，河水裂开了一条长长的缝隙，河底果然有个洞。他从洞里拿了宝剑和一些想要的东西，正准备往外走的时候，只听得一阵暴风狂吼，刹那间河面上波涛滚滚，一浪高过一浪，两个妖怪来了。

王尔德老汉拿起宝剑砍向黄风怪和黑风怪，一连劈了几十剑。一时间，黄风怪和黑风怪都消失得无影无踪。

这时，裂缝的河水慢慢地合拢了。王尔德老汉想起老翁的嘱咐，心里瞬间变得豁亮。他要让河水填满沟壑，淤平山梁。他手持宝剑，

左一剑、右一剑、前一剑、后一剑，河水瞬间不流了，像是被一道墙堵住，水位渐渐上涨。

三天后，南至六盘山，西达贺兰山，到处都是河水，只留下几个山尖尖。王尔德老汉这才用宝剑指挥着河水向前流去。

自此以后，山高沟深的宁夏就变成了一马平川的平原。居住在黄河两岸的人民靠着他们勤劳的双手，开渠造田，过上了幸福的生活。

李耳鞭打黄河

很久很久以前，李耳治水来到河南济源一带。

连日奔波于治水，李耳实在太累了。他便想在王屋山休息一会。

李耳把刚刚引过来的黄河水拦在凤凰山下，与跟自己一起治水的伙伴，在一个山洞里下起棋来。

下着下着，李耳还是不放心引过来的黄河水。他推开棋盘，来到凤凰山上一看，只见原先被拦在凤凰山下的黄河水，已经偷偷地从西面绕过潼关、风陵渡，向东直奔大海。黄河水水势汹涌，奔腾咆哮，一副谁也挡不住它的样子。

李耳见此情景，十分恼怒。他立即生起烘炉，拿起铁锤，借助膝盖打成了一根几十丈长的大铁鞭。接着，他拿起铁鞭，迈开呼呼生风的长腿，很快就追上了奔腾呼啸的黄河水。

李耳冲上前去，举起铁鞭，大喝一声："你这野水哪里流！""啪"的一鞭打下去，震得地动山摇，吓得黄河水打着漩涡不敢再往前，翻着滚儿分了岔。

黄河水被李耳打散以后，不再绕弯了，乖乖地往东流去。

黄河与长江

　　远古时代，在须弥山外的青涧洞，住着青、黄两条孪生龙，他们疾恶如仇，常常与作恶人间的东海之滨的魍魉二妖作战。

　　有一年，天下大旱，山神土地纷纷向天界求援。如来佛知道青黄二龙深谙人间世道，便派他们俩去人间除恶救人。

　　不久，青黄二龙便查清楚了，还是魍、魉二妖在人间作怪。他们让魔子魔孙分散到人间，到处放火，又使用魔力在每个人心里藏一种"疠火"，互相作恶，搅乱人间清凉世界。

　　由于受魍、魉的毒害，当时的人普遍患了一种叫"魇"的病，只有暗算别人，或做一些损害别人有利自己的事，才能暂缓病痛。青龙和黄龙决心替人类除去恶魔，重整人间正道。于是，他们化装成两个和尚，以治病疗邪为名去除人的恶念心疾。

　　化装成和尚的青龙和黄龙，让人们服一些药物，并教他们念一种驱除"疠火"的咒诀。经过调治，解除了很多人的痛苦。人们奔走相告，一传十，十传百。三个月后，成千上万的人依此法治好了病。

　　居住在东海之滨的魍、魉二妖，听说有人破了他们的法术，就派

手下的鳄鱼精和蛤蟆精去探听虚实。

那蛤蟆精一肚子坏水，诡计多端，扮成前去疗疾的病人，来到二龙面前。青龙和黄龙早知来的是两个妖精，只是不动声色。鳄鱼精怕功劳被蛤蟆精抢去，便抢先张开锄刀般的大嘴朝二龙扑去。青龙手中打出一个弹子大小的龙珠，只一下就将鳄鱼精打得脑浆迸裂。蛤蟆精吓得赶紧逃跑，回去报告了。

魈、魑二妖一听大怒，亲点魔兵五万前来挑战。青龙和黄龙各施法力，与魔兵大战了七天七夜。

自古以来邪不压正，这次也不例外。魈、魑二妖眼见自己的魔兵越来越少，不甘心失败，又生一歹毒的主意。它们各施魔法，召集所有中了魔毒死心塌地跟随它们的人，将他们分成南、北两排长蛇阵。远远望去妖雾缭绕，像盘踞在大地上的两条喷着火的巨蛇，缓缓移动。所过之处，万物化为焦土。它们企图把青、黄二龙和已经摆脱控制的人一起消灭。

此时，青龙和黄龙已经精疲力竭。

当看到魈、魑二妖妄图毁灭自己救出的人时，青龙和黄龙不顾安危，化成青黄两条冰凉的大河，分别迎着两条火蛇而去。大河与火蛇阵相触时，魔子魔孙纷纷被巨大的漩涡卷入，魈、魑二妖也难以幸免。

又经过三天三夜的厮杀，两条火蛇被赶出一千多里外。

青龙和黄龙因用巨大的身躯把火蛇阵压在身体之下，伤了元气，

渐渐嵌入地下，化作现在的长江与黄河。

直到今天，长江和黄河两岸的炎黄子孙，仍靠两条大江大河养育着，他们在这片土地上生活繁衍，生生不息。

鲁班修造将军柱

　　鲁班（公元前507—公元前444年），春秋时期鲁国人，名班，人称公输盘、公输般、班输，尊称公输子，人们习惯称"鲁班"。

　　传说，桑园峡内黄河水流湍急，但在桑园峡中段的黄河激流中，有一块大石屹立之中，人们称这块大石为将军柱。传说这个将军柱是鲁班修建的。

　　当年鲁班周游列国时，来到了桑园峡，看到人们往来很不方便，便计划修桥。鲁班把桥墩的位置选在了将军柱这里。位置选好后，鲁班早起晚归，负责施工。半年时间，桥墩渐渐增高。

　　有一天，鲁班的妻子来给他送饭，等了一阵却没有看见鲁班，她就到岸边寻找。到了岸边，看见一个巨人站在河中，一手拿着铁锤，一手扶着巨石在干活。他的妻子发出一声惊叫。这一叫把鲁班吓了一跳，一锤砸在了自己腿上，手中的石头也飞到了对面的山上，桥也就没有建成。

　　如今，还能看到在将军柱上有一块十分光滑的石头，中间是脊柱，把石头一分为二，就像长期背靠休息时留下的印迹。

河伯望洋兴叹

河伯是古代汉族神话中的黄河水神。原名冯夷，也作"水夷"。

河伯是在过河时淹死的。后来，天帝任命他管理人间的河川。

传说，河伯长相英俊。白面长身，身躯的下半段是条鱼尾巴。头发是银白色的，眼睛和鳞片是流光溢彩的琉璃色。

他经常乘坐着荷叶盖的水车，驾着螭龙，载着少女们在九河遨游。他的身上有淡淡的水香，看上去只有不到二十岁。他自以为长相白净英俊，就天性风流。民间传说他每年都要娶一位少女做新娘。

河伯站在黄河岸上，望着滚滚的浪涛由西而来，又奔腾跳跃着向东流去，兴奋地说："黄河真大呀，世上没有哪条河能和它相比。我就是最大的水神了！"

有人对他说："在黄河的东面有个地方叫北海，那儿的水才叫大呢。"河伯说："北海再大，能大得过黄河吗？我不信！"

那人又说："别说一条黄河，就是几条黄河的水流进北海，也装不满它。"

河伯固执地说："我没见过北海，我不信你说的话。"

那人无可奈何，告诉他："有机会你自己去北海看看吧，那时你自然就明白了。"

夏天到了，连日的暴雨使大大小小的河流都汇入黄河，黄河的河面更加宽阔。隔河望去，对面的树木都远得看不清了。

河伯很得意，更加以为黄河是最大的。在他自得之余，忽然想起那人提起的北海，于是决定去那里看一看。

河伯顺流来到黄河的入海口，只见北海汪洋一片，无边无际。他呆呆地看了一会儿，自言自语："俗话说，天外有天，这话说的有道理呀！今天要不是亲眼所见这浩瀚无边的北海，我还以为黄河天下无双呢！那样，岂不被有见识的人笑话吗？"

河伯娶亲

西门豹是战国时期魏国人，故里在今山西省运城市盐湖区安邑一带，魏文侯时任邺县（今河北临漳县一带）县令，是著名的政治家、水利家，历史治水名人。

西门豹初到邺县时，看到这里人烟稀少，田地一片荒芜，冷冷清清的，一片百废待兴的状态。于是，西门豹立志改善现状。

漳河，西汉末年前属黄河水系，后因黄河南徙，就纳入海河水系。漳河水比较暴躁，经常泛滥成灾。漳河的河神叫河伯，一发脾气，河水就怒吼着四处淹没土地，冲毁民房。此时，如果不将一位漂亮的年轻姑娘嫁给他，他还要发大水。

为了免于洪水，人们就打算给河伯娶亲。怎么娶亲？就是扔一位姑娘到漳河里。这事由大巫妪负责办理。

大巫妪受河伯之托，经常走街串巷。遇到漂亮的姑娘，就强行捉了去，天天给她洗澡、吃牛肉、喝酒，连着十几天，养白了，也吃胖了。

到了河伯娶亲这天，大巫妪把抢来的姑娘梳妆打扮一番，给她穿上华丽的衣裳。然后把这位姑娘放在一张铺设讲究的新床上，把新床放到河里，让其自行漂浮，顺流而下。行数十里后床就沉到了河底，就说是河伯给接走了。许多人家生怕自己的女儿被选中，纷纷背井离乡，逃往外地。

"河伯娶亲"在当地由来已久，使得本地人越来越少。土地渐渐荒芜了，人民生活十分困苦。

西门豹了解了这些情况后，决心要狠狠打击、铲除这种愚弄欺骗人民的陋习。

这一天，又是河伯娶亲的日子。西门豹走向前去，跟大巫姬说："这个姑娘不够漂亮，河伯不会喜欢，麻烦您老人家去给河伯通报一声，说过两天找到更好的再送去。"没等大巫姬反应过来，卫士赶紧上前，抱起大巫姬，往水里扔去。巫姬在河水里扑腾几下，就沉下去了。

等了一会儿，西门豹对官绅头儿说："巫姬怎么还不回来，麻烦你去催一催吧。"又叫卫士把官绅头儿投进了漳河。

那些官绅们吓坏了，大气也不敢出。个个吓得面如土色，跪下来磕头求饶，把头都磕破了，直流血。

从此，谁也不敢再提河伯娶亲的事了。

漳水十二渠

西门豹到邺地后，为了制止行政官员贪渎欺蒙、虚报财政状况和地方封建势力利用迷信营私图利的不法行为，曾多次同魏文侯的左右宠臣及地方土豪势力展开斗争。西门豹从整顿吏治和兴修水利两方面着手，使原来贫穷的邺地成为富庶之区。

到任第一年，西门豹不但不奉迎讨好魏文侯宠信的左右官吏，还整顿了这些官吏，结果魏文侯听信了左右宠信的诋毁，打算罢去西门豹的官，收取他的官印。

第二年，西门豹改变原来的策略，采取重敛百姓的做法，同时极力奉承和贿通国君左右的那些大臣们。到了年终上计时，魏文侯不但十分重视他，还亲自去迎接西门豹。

于是，西门豹就对魏文侯说："第一年，我是为了国君治邺，廉洁奉公，不同流合污，结果差点被罢官；第二年，则是为了讨好你左右的大臣去治邺，结果还受到您的赏识。如果后一种做法受到您欢迎，我无法治理好这个地方，只能将封给我的官印交还，请求免职。"

魏文侯无话可说。于是，西门豹再次接受了任命。

接着，西门豹发动县民，开凿了十二条渠道，引漳河河水灌溉民田。于是，农业生产得到发展，人民生活也安定富足起来。

这十二渠的渠口，分布在漳河右岸。一渠一口，共十二个引水口，称为"十二磴"。这里的河岸，土质硬，地势又高，由这里向东南引水，可畅流而下。

漳河十二渠，选址科学，能蓄能泄，旱时灌水肥田，水大时又能防洪。晋人左思在《魏都赋》中称赞它："磴流十二，同源异口，蓄为屯云，泄为行雨。"

邺地土地贫瘠，特别是漳河下游的低洼地区，由于长期河水泛滥，形成了大片的盐碱地。因此，邺地的亩产量只及魏国其他地区亩产量的一半。十二渠建成后，使得邺地"成为膏腴""亩收一钟"，产量大大提高了。

漳水十二渠，是我国水利史上以水治碱的一个先例，取得了很好的效果。

泛舟之役

　　"泛舟之役"，发生于公元前647年，起因是晋国饥荒，秦国向晋国贩粮。出自《左传》。这是中国历史上第一次有明确记载的内陆河道水上运输事件。

　　传说，晋惠公在位期间，晋国连年大旱，庄稼也很少有收成，人们时常饿着肚子。

　　在这种情况下，晋惠公就派遣大臣去秦国借粮食。当时秦国和晋国有些矛盾，秦穆公就召集群臣商议卖还是不卖给晋国粮食。蹇叔、百里奚都认为天灾是无法避免的，帮助邻国也是理所当然的，主张卖粮。

　　秦穆公认为自己曾有恩于晋，晋却不思回报。他有些迟疑。

　　公孙枝趁机说："我们对晋国施恩，本来就没想过要回报。他们不回报，我们也没有损失什么。如果他们知恩不报，过错在他们，我们还是应该卖粮给他们。"

　　丕豹却认为："晋君无道，这正是灭晋的天赐良机，机不可失啊！"

　　大夫繇余说："仁者不乘危以邀利，智若不侥幸以成功。我们不应该乘人之危，应当卖粮给晋国。"

　　秦穆公考虑再三，说："有负于我的，不是晋国百姓，而是夷吾。我不忍心因为晋国的国君有负于我而让百姓受到饥荒威胁。"

　　于是，秦国派了大量船只，由秦都雍城（今陕西凤翔南）出发，沿渭水，自西向东五百里水路押运粮食。随后换成车运。横渡黄河以后，再改山西汾河漕运北上，直达晋都绛城。

　　运粮的白帆从秦都到晋都，首尾相连，络绎不绝。这就是史称的"泛舟之役"。

子羽斩蛟

　　澹台灭明，字子羽，春秋时鲁国武城人，曾是孔子的弟子。

　　子羽相貌极其丑陋，当初投在孔子门下求学时，孔子认为他的面相不善，不会有大出息，所以很少关注他。

　　时间久了，子羽也感觉到自己被冷落，决定离开孔子，独自外出闯荡世界。

　　辞别了孔子，子羽一路游学。他文武兼修，又勤奋，对儒家经典已融会贯通，成了一个学识渊博、武功了得的人。

　　几年后，子羽开始课徒授经。人们敬佩他的学问和修养，纷纷前来求学，门下弟子达三百人之多。

　　孔子知道了子羽的事，不由叹息道："我不应该以貌取人啊！"

　　又过了几年，子羽得到一块价值千金的玉璧。

　　一次，他带着玉璧过黄河，忍不住取出璧来把玩。河伯看在眼里，馋在心里，就想夺取玉璧占为己有。

　　于是，他派出两条蛟龙，让他们把渡船掀翻。

　　子羽还没明白怎么回事，渡船已经剧烈晃动、上下颠簸起来。只

见两条蛟龙，上下翻滚，河水也被搅动得哗哗直响。情急之中子羽赶紧左手握紧玉璧，右手执剑与蛟龙搏杀。

一场恶斗，双方打得昏天黑地。

终于，两条蛟龙被杀死了。风平浪静后，船渡过了黄河。子羽走上岸边，只觉得浑身筋疲力尽，举步艰难。

这时，走来一位白须飘飘的老者，对他说道："河伯兴浪，就是为了你的玉璧。既然玉璧惹祸，还留着它干吗？"

子羽这才彻悟："玉璧虽然值千金，但自己险些丢了性命。河伯既然想要它，就给他好了。"

于是，子羽就将玉璧投入河中，然后离开河岸，回家了。

孔子和儒家

　　孔子（公元前551—公元前479年），姓孔，名丘，字仲尼，春秋末期鲁国人。他年轻时很穷，曾在鲁国做过官吏。后来自办学校以教书为生，是儒家学派的创始人。

　　孔子曾经用十三年的时间周游卫、宋、陈、蔡、楚等国，宣传他的政治主张。但是，这些主张都不受统治者欢迎。最后返回鲁国，因穷困潦倒而死。

　　孔子是一位伟大的思想家和教育家。他在政治上尊崇尧、舜、周公，赞扬西周的制度，认为那时才是人类最完善的社会形态。

　　他对西周社会形态的认识，其实增加了许多主观的理想成分。他认为大至国家，小至家庭，人与人之间的关系都要以一定的伦理道德来维系，应该建立明确而严格的秩序和规定，以分清上下等级、长幼尊卑。

　　他主张实行仁政和礼治。什么是"仁"？"仁"就是讲做人的道理，这是孔子思想体系的中心；为实现"仁"而制定的具体制度和行为准则称为"礼"。

孔子关于"仁"和"礼"的学说，奠定了我国古代有关政治和社会伦理的思想基础。

那么，儒家文化有哪些长处呢？

第一，孔子提出的"仁"，确立了中国文化重视道德伦理和精神生活的价值观。"仁"既是"泛爱众"的人类之爱，也是由近及远的差等之爱。儒家要求把这种外在的、社会规范性的仁爱，转化为个体内在的自觉，即自觉的仁者之心、仁爱之心。

第二，儒家所持有的积极乐观的有为精神，对于中华民族的发展起到良好作用。他自称"学而不厌，诲人不倦"，当时的隐士讥讽他是"知其不可而为之者"，说他"明知做不到却偏要去做"。儒家坚持积极有为的精神，形成了中华文化奋发向上、自强不息的传统。

第三，儒家发扬了重视历史经验的优良传统。从孔子就开始注重搜求、整理历史资料和文化素材，这使中国的文化遗产和历史典籍在世界文明古国中最为丰富，这个功绩不可抹杀。

孔子诞生

相传，孔子的祖先是春秋时期宋国的贵族，他的五世祖因避杀身之祸，才逃到鲁国定居。从此，他的家族败落下来。直到孔子的父亲叔梁纥，做了官职低微的陬邑大夫，他的家族才开始恢复元气。

叔梁纥是位臂力过人的武士。据说，有一次与晋军作战，晋军守将想放下城门，切断鲁军的退路，叔梁纥一个箭步冲上去，双手擎起渐渐落下的城门，救出了还在城内的士兵，因此他立了大功。

后来，叔梁纥和一个叫颜征的女子成婚。婚后不久，颜氏便怀了身孕，叔梁纥知道后非常高兴。秋后的一天，颜氏带着贡品来到郊外的尼丘山上，祈祷苍天和山神，赐给她一个白白胖胖的大儿子。

从尼丘山回到家，颜氏看到庭院中有只麒麟，这可是人间难得一见的瑞兽啊！正在颜氏惊异时，麒麟从嘴里吐出一条玉书给她，只见书上写道："天上星宿下凡，为了振兴周朝！"

颜氏又惊又喜，顿时领悟到，自己喜怀身孕，原是天意。

数月后，颜氏临产。这时，有两条青龙自天而降，围绕着叔梁纥家的房舍欢腾飞舞。接着，又有五位慈眉善目的老者，驾着祥云，降

于庭院，前来祝贺。与此同时，天上仙乐齐鸣，美妙而悠扬的乐音回荡在万里晴空，也缭绕于颜氏的卧室中。

孔子出生了。为了感谢苍天和尼丘山山神的恩赐，叔梁纥给孩子起名孔丘，字仲尼。

这便是被后世奉为"至圣先师"的孔子。

乌鸦救孔子

孔子三岁时，他的父亲就去世了。孔子十七岁时，母亲又病逝了。孔子为了生存，当过吹鼓手，当过管仓库、管放牧的小吏。

他刻苦自学，锲而不舍，终于成为一个有德行、有学问的人。为了传授以"仁"为核心的"忠君"思想，他三十岁便招收弟子，开创了民间私学。

孔子为了实现"仁政德治"的理想，率弟子周游列国，奔波了十三年，却到处碰壁：在陈绝粮被困，在宋险些被杀……各国的君主、重臣都不采纳他的主张，使他极为狼狈颓丧。

孔子已近古稀之年，不得不心灰意冷地返回鲁国。从此，他安下心来，边讲学授业，边整理古籍。他删《诗》《书》，定《礼》《乐》，整理《周易》，修《春秋》，为中华文化作出重大贡献。

一天，孔子带着弟子们到尼山郊游狩猎，突然遇到一伙歹徒。弟子们有的保护孔子，有的拔出佩剑与歹徒们展开搏斗。弟子们虽然奋力拼杀，终因寡不敌众，接连受伤倒地。

眼看着歹徒们向孔子逼来。

　　这时，突然天昏地暗。随着一阵"呱呱"的叫声，数不清的乌鸦从天而降，它们用爪抓，用嘴啄，把歹徒直啄得鬼哭狼嚎，争相逃命。

　　孔子师徒谢过乌鸦。这些乌鸦又护送他们返回曲阜。从此，每逢孔子出游，这些乌鸦总飞旋于空中，为孔子护驾。孔子去世后，它们仍在为孔子守灵。

秦始皇跑马修金堤

河南濮阳南边不远，有一条古黄河大堤，叫"金堤"。传说，金堤是秦始皇修的。

秦始皇统一中国不久，就提出了"南修金堤挡洪水，北修长城拦大兵"的设想。那时候，黄河年年在濮阳一带决堤，洪水泛滥成灾。经过考察，秦始皇决定在黄河涨水前，修一条黄河大堤。

然而，大堤修在哪儿呢？

秦始皇骑上快马，叫监工大臣跟着，马跑到哪里，就修到哪里。他跑呀跑，沿着黄河跑了二百多里才停下。马蹄印就成了修大堤的线路。

当时正修着万里长城，天下的青壮男人都被征派去修长城了。修堤的监工大臣费尽心力，也没找来多少能干活的人。没办法，只有将老少百姓、女人也都逼到黄河边劳动。

开工的时候，正是三冬严寒季节，加上多年的战乱，老百姓更是被折腾得一贫如洗，个个穿着薄衣，又冻又饿，加上重活，不久就倒下了许多人。

监工大臣看着百姓们实在可怜，也就由着民工们慢慢地干活。

转眼间，一冬一春过去了，大堤也没修多少。

秦始皇见大堤修得慢，下旨杀了监工大差，又换了个新监工大臣来督工。这个大臣眼见前任被杀，一上任就觉得脖子发麻。他白天思、夜里想如何才能如期交差。

他在州县、村镇都贴出告示，让每家每户再派人去修堤，不去就抓起来。白发苍苍的老人、躺在床上的病人、上学的孩童、刚生完娃的妇女，都被抓去修堤。挖土、抬筐、打夯，这么重的活哪里是这些人能干得动的，每天都有人暴毙而亡。

监工大臣还是没日没夜地催着干活，堤一天天变高了，人却一天天减少了。

就这样，汛期快到了，秦始皇又下了一道圣旨，十天要全部完工。圣旨一到，吓坏了监工大臣，别说十天，再有一个月也完不了工呀！他想早晚是个死，就冒死呈送奏章，说十天实难修好大堤。

秦始皇看后，本要再杀这个监工，但担心天下人会骂自己是暴君，便没有杀他。但他仍不改期限，并说十天后来视察大堤。

十天后，秦始皇骑着马来了，问监工大臣："堤修完了吗？"监工大臣战战兢兢地说："因土石不够，还有几处没有完成。"秦始皇说："我骑马往东处看看，当我回来时，再修不好就小心你的脑袋。"

说完，策马向东去了。

监工大臣想来想去，终于想出个办法。他将尸体填在没完工的地

方，上面盖上土。尸体填完了，堤还是没修完，监工大臣又下令，把病着的、不能动的民工也要填进去。顿时，堤上哭喊声一片，士兵们生抱硬拽，把许多活生生的人填进堤中。

秦始皇回来后，看见平坦的大堤修好了，就起名叫金堤。

他走后，老百姓都咬牙切齿地骂个不停。这哪里是金堤呀，这是老百姓用血汗和尸骨堆成的大堤啊！

多少年来，这条金堤挡住了黄河水，也减少了水患。

郑国渠里的"间谍"

郑国渠，于公元前246年由韩国水工郑国在秦国主持穿凿兴建，约十年后完工。位于今天的陕西省泾阳县西北25公里的泾河北岸。它西引泾水，东注洛水，长达300余里。

战国末期，崛起在我国西部的秦国，在政治上、经济上、军事上都远远超过了邻国。以后又对邻近的魏、赵、韩等国连续发兵，夺取了上郡、太原、上党等地，势力达到黄河以东。

不久，秦国又东进中原，取得周王室的旧地，占领了荥阳，陈兵韩国边境。在秦国强大的攻势下，东方诸国危如累卵，首当其冲的是韩国，随时都有可能被秦国吞并。

公元前246年，韩桓王在走投无路的情况下，采取了"疲秦"的策略。他以著名的水利工程人员郑国为"间谍"，派入秦国，游说秦国在泾水和洛水之间，穿凿一条大型灌溉渠道。表面上说是为了秦国农业的发展，其实是要耗竭秦国的实力，分散秦国精力，使秦国自动放弃吞并六国的计划，这样韩国便可不动一兵一卒退却秦国数十万大军。在施工过程中，韩国"疲秦"的阴谋败露。秦王大怒，要杀郑

国。郑国也坦率地承认并申辩："始，臣为间，然渠成，亦秦之利也。臣为韩延数岁之命，而为秦建万世之功。"

秦王政是位很有远见的政治家，他认为郑国说得很有道理。同时，秦国的水工技术还比较落后，在技术上也需要郑国。所以，也就不加追究，仍然对郑周加以重用。

经过十多年的努力，全长300余里的引泾渠和相应的配套工程胜利竣工，干旱多碱的渭北大地，从此得到了河水浇灌。引泾灌区的广大群众，为了纪念这位给自己送来雨露的能工巧匠，就把这条渠称作"郑国渠"。

在郑国渠通水后的几年里，秦国首先灭掉了韩国，从而戏剧性地结束了围绕开渠"疲秦"而展开的惊心动魄的斗争。接着在十年间，兵强马壮的秦国，吞灭了赵、魏、楚、燕、齐诸国，完成了统一六国的大业。

汉武帝治黄河

汉武帝刘彻是西汉中期的封建君主，他的主要功绩是对外抗击匈奴，开通西域；对内治理黄河，大兴水利，疏导漕运。

汉武帝元光三年（公元前132年），黄河在濮阳境内的瓠子口向南决口了。一时间，滔滔洪水一泻千里，直灌巨野泽，然后又经泗水入淮，泛滥十六郡，造成黄河历史上的一次大改道。

黄河决口后，汉武帝曾派人主持堵塞堤口，但水势太大了，没有成功。

正当他考虑对策时，丞相田蚡向他进言："江河决口是天意，不可用人力去堵塞，勉强堵住了，也未必符合上天的意志。"原来，田蚡的封邑在今山东的夏津县东，河水南流对他封邑的安全是有利的。

汉武帝听了他的话，就把堵口的事搁置了下来。

直到元封二年（公元前109年），他到山东封禅，看到水患十分严重，民不聊生，又下决心堵住河口。

于是，他让汲仁、郭昌带领几万士卒和民夫，并亲自到瓠子口举行隆重的祭祀河神的仪式。他沉白马、玉璧以表示虔诚，又命令随行

官员，自将军以下都要背柴负土，去堵塞决口。

此时，河水在此处横流了20多年，决处也被冲刷得又宽又深，堵口工程相当艰巨。

由于决口太大，当地堵口的草料供应不上，就命人到卫地去砍伐淇园的竹林。用竹子作桩，再用长索把竹木连接起来，然后抛石塞草，终于把决口堵住了。

决口堵住后，汉武帝又在该处修筑了"宣房宫"，表示对河神的感谢。

贾让治河三策

贾让，是西汉哀帝时的待诏。其治黄三策在治河史上极负盛名的。

贾让根据黄河频繁决溢的规律，提出了有名的上、中、下三策，实际上是治理黄河的三种方案。

那么，贾让的三种方案是怎样的呢？

上策是："徙冀州之民当水冲者，决黎阳遮害亭，放河使北入海。"意思是要在遮害亭（今河南浚县西南）一带掘堤扒口，使黄河北去，穿过魏郡（今河南南乐县一带）的中部，然后再转东北入海。事实上，这是一个人工改河的设想。

中策是：在冀州区域内开渠建闸，发展引黄灌溉，分流洪水。这也是对上策的改变。上策是要在冀州改河，中策是要在冀州穿渠。穿渠，有灌溉兴利的好处，更重要的则是分洪。

下策是：继续加高原来的堤防。但是贾让同时认为，即使花费很大气力，也不会收到好的效果。在他看来，堤防是限制洪水畅泄的严重障碍。因此，固堤也就成了无计之策，是一条下下策。

贾让提出"治河三策"的时候，恰逢河道狭窄，大河走向弯曲多变；加之河床的淤积抬高，黄河决溢灾害日渐增多。贾让在实际调查的基础上，借鉴先秦治河的历史经验，形成了一种治河必先使河道"宽缓而不迫"的思想。他的"治河三策"，也正是这一思想的具体体现，

在"治河三策"中，贾让客观地总结了堤防发展的历史，明确地告诉我们要避免与河争地；人类要与自然和谐相处，社会发展与河流洪水规律相适应的治河自然观；要在防御黄河洪水的同时，还要重视放淤、改土和通漕，重视对黄河的综合开发利用。

两千多年前，古人就能认识到这些，真是有先见之明！

"治河三策"最终没有全部付诸实施。有一点却是大家公认的，那就是贾让三策在中国治黄史上占有相当重要的地位。而贾让也因此名垂青史。

王景治河千年无患

汉代第二次修治黄河，即王景治河。

王景少年时期就开始学习《周易》，并博览群书，特别喜欢天文术数之学。他工于心计，多才多艺。大约在光武帝后期任职司空。

永平初年，有人推荐王景治水，汉明帝于是令王景与王吴一同修凿浚仪渠。王景提出用"堰流法"整修浚仪渠。"堰流法"就是根据地形的不同，采取不同的方法，把堵塞了的地方打通，使积水能够顺畅地流过。这种因地制宜的治水方法，是王景根据前人的经验总结出来的。

浚仪渠修好后，汉明帝非常高兴。

永平十二年（69年），汉明帝亲自召见王景，把治黄河、修汴渠的艰巨任务交给他。当时黄河、汴渠同时决口，拖延未修。王景全面分析了河、汴情形，于该年夏季发兵、夫数十万人，先修筑从荥阳（今河南郑州北）到千乘海口（今山东东营利津县境内）长千余里的黄河堤防，然后着手整修汴渠。

汴渠位于黄河以南的平原地区，黄河南泛时往往被冲毁。汛期

时，引水口控制不好，就会有过量的水进入渠内，汴渠堤岸就会有溃决的危险。

王景在汴渠进行了裁弯取直、疏浚浅滩、加固险段等工作，又"十里立一水门，令更相洄注，无复溃漏之患"。全部工程在次年夏天完工。

汉明帝亲自沿渠巡视，并按照西汉制度恢复河防官员编制。王景连升三级为侍御史，王吴和其他随从官员，都因修渠有功而升迁一级。

建初七年（82年），王景迁徐州刺史，次年又迁庐州太守。

从史料记载看，王景筑堤后的黄河历经800多年没有发生大的改道，决溢也为数不多。

因此，有王景"治河千年无患"之说。

刁雍在薄骨律的水利建设

刁雍（390—484年），字淑和，渤海绕安（今河北省盐山县西南）人，北魏时期著名的战将。

北魏太平真君五年（444年），刁雍出任薄骨律镇将，任职十余年。薄骨律镇在哪里呢？就在今天的宁夏灵武县西南。

刁雍初到薄骨律镇后，发现历年战乱，给当地的生产造成了极大破坏。田野里虽有农夫耕作，但历朝修建的水利灌溉设施已崩颓毁废，无法使用了。

种田的人少了，田园几近荒芜，当兵的也就没有饭吃。

于是，刁雍向北魏皇帝建议在富平（今宁夏吴忠县）修建一条新渠，与已毁废的古渠相接，得到了皇帝批准。为了保证正常引水，他又在黄河修建了一座长270步的引水坝，将黄河之水引入渠内。

建坝后，河水滚滚入渠，水流顺畅，只需十天左右，全灌区就可以轮灌一遍。前后灌溉四次，就可以保证丰收了。

仅仅过了两年，富平的粮食不但能供本地军民食用，而且还有余粮供应当时的另一军事重镇——沃野（今内蒙古乌拉特旗南）食用。

习雍在薄骨律镇期间，不但兴修水利，恢复农业生产，而且还十分注意发展水上交通运输，即开展黄河水运。

他在牵屯山（今固原六盘山北段）造船300艘，一次能运粮20万斛，顺流而下，只用5天时间就到达了沃野镇。再从沃野逆流而返，也只要半月的时间，省时省力。

刁雍继承和发展了汉代引黄灌溉的成就，成为河套农业灌溉的奠基人之一，后代史书都忠实地记载了他的功绩。

宇文恺开挖隋唐大运河

宇文恺（555—612年），字安乐，是一位懂工程技术的官吏，曾做过工部尚书，最后官至金紫光禄大夫。据记载，他博览书籍，多技多艺，著有《东都图记》《明堂图议》等。而他最大的贡献则是参与开挖了著名的隋唐大运河。

隋唐两代建都长安后，都需将关东和江南的粮食货物运进关中，以供应京师的需要。这些粮食货物怎么运呢？当然是漕运。

但是，隋统一中国北方后，汉代旧漕渠已长期淤塞而不能用，尽管很难继续通航，不得不用渭水漕运。加上连年战火，人口流失，土地荒芜，也就造成了长安粮食的紧张。

于是隋文帝杨坚在开皇三年（583年）诏西自蒲、陕，东至卫、汴、水次13州，募集劳工运米。又在卫州（今河南淇县）设置黎阳仓，在华州（今陕西华县）设置广通仓，递次转运关东及汾、晋一带的漕粮以供应长安。

隋文帝又于开皇四年（584年）命宇文恺率水工凿渠，以解决渭水浅涩多沙、漕运困难的问题。

　　宇文恺会同苏孝慈和元寿等人，经过调查研究、规划设计，集中大批民工、军工，引渭水自长安东至潼关三百余里，于当年六月开工，仅仅花了三个月的时间就建成了，取名广通渠。

　　渠建成后，这条运河把长安与潼关连接起来，使沿黄河西上的漕船不再经过弯曲的渭水而直达京城长安。

　　广通渠的渠道在渭水之南，是在汉代漕渠的基础上开浚的。广道渠凿通后，黄河三门峡的砥柱仍阻碍着关东的航运。开皇十五年（595年），隋文帝下诏凿去砥柱，未见成效。

姜师度治水

姜师度是唐代著名的水利专家。魏州魏县（今河北大名）人。在河北、河南、山西、陕西一带，都有他主持兴建的防洪、排涝、灌溉、航运等水利工程。

《旧唐诗·姜师度传》称："师度勤于为政，又有巧思，颇知沟洫之利。"当时，北方契丹民族时常对唐王朝发动袭扰，他便在蓟门附近开沟引水，以防备契丹偷袭。这项工程既是一项国防工程，也可灌溉农田。

神龙三年（707年），为了解决北部边地的军粮运输问题，循当年曹操开渠旧迹，开成平房渠。又在清池县（今沧州市东南）、棣州（今山东惠民县东南）、贝州经城（今河北威县北经县）等地浚河开渠，以排泄永济渠沿线的洪涝，并灌溉农田。

开元元年（713年），姜师度任陕州（今河南三门峡市西）刺史，又在华阴一带开通敷水渠，在郑县（今陕西华县）一带疏导利俗渠、罗文渠，既避水害，又便利农田灌溉。

开元六年（718年），在蒲州（今山西永济西南）设河中府，姜师

度被任命为府尹。境内安邑（今山西省运城东北）的盐池，是朝廷财政重要来源之一。因为水源问题，几乎无法产盐。姜师度就规划、组织开浚沟渠，设置盐屯，财政收入大增，百姓也得到了实惠。

开元七年（719年），姜师度转任同州（今陕西大荔东）刺史。他开渠将洛河、黄河水引入原有通灵陂。这一片是洼地，长期废置，他组织人力对通灵陂进行浚治和拓展，设十余屯，在周边广种水稻，收获颇丰。

唐玄宗游幸到长春宫（在今大荔）时，看到这些成就，对姜师度大加褒扬，追加金紫光禄大夫，升其为将作大匠（掌管宫室修建的官）。姜师度于开元十一年（723年）病逝。

姜师度一生非常热衷于渠漕工程，每到一地都要想方设法地为当地百姓造福。虽然也有失败的工程，但大多为各地留下了长久的好处。

宗泽临终三呼"过河"

宗泽（1060-1128年），字汝霖，汉族，婺州义乌（今浙江省义乌市）人，宋朝名将。他因壮志难酬，忧愤成疾，临终三呼"过河"。死后追赠观文殿学士、通议大夫，谥号"忠简"。

宗泽是一位抗金的将领。北宋灭亡前，宋钦宗曾经派他当和议使，到金京议和。后来，钦宗因故撤了他和议使的职务，派他到磁州当了地方官。

金兵第二次攻打东京的时候，宗泽带兵抗击金兵。一连打了十三次胜仗。趁着大好形势，他写信给当时的康王赵构，要求他召集各路将领，会师东京；又写信给三个将领，要他们联合行动。哪知这些将领们不但不出兵，还嘲笑宗泽。宗泽没有得到援助，只好单独率部作战。

有一次，他被兵力多十倍的金军包围。宗泽对将士们说："今天进退都是死，我们要从死里杀出一条活路来。"将士们受到他的激励，以一当百，英勇杀敌，果然击退了金军。

宋高宗早就知道宗泽的勇敢，这次听了李纲的推荐，就任宗泽为

开封府知府。

这时的开封城，历经大战城墙全部被破坏了。百姓和士兵混杂居住，再加上靠近黄河，金兵经常在北岸活动。开封城里人心惶惶，社会秩序很乱。

宗泽到了开封城后，首先安定秩序，接着联络北岸的义军。河北岸的义军早就知道宗泽的威名，自愿接受他的指挥。

河东有个义军首领王善，聚集了七十万人马。宗泽得知这个消息，一人骑马去见王善，王善很受感动，也愿意听他指挥。其他义军像杨进、王再兴、李贵、王大郎等，也都各自有几万到几十万人马，宗泽也派人去联络，说服他们团结一致，共同抗金。

就在宗泽准备北上恢复中原时，宋高宗却准备南逃。

宗泽十分焦急，亲自渡过萨河，约河北各路义军将领共同抗击金兵。河东义军和民兵互相呼应，沿着黄河修筑的堡垒、营寨，互相连接，密集得像渔网一样，取名"连珠寨"。同时，宗泽上奏章要宋高宗回到开封，主持抗金。

但是，奏章到了奸人黄潜善等人手里，被扣了下来。过了不久，宋高宗就从南京逃到扬州去了。

金兵又分路大举进攻开封城。宗泽绕到敌人后方，截断敌人退路，然后又和伏兵前后夹击，把金兵打得狼狈逃窜。

后来，宗泽杀了三个向金军投降的将领，表示了抗金的决心，大大激励了宋军士气。他号令严明，指挥灵活，接连多次打败金军，威

名越来越大。

金军将士对宗泽又害怕又钦佩，提到宗泽，都称他"宗爷爷"。

此时，宗泽认为完全可以收复中原了，就又给高宗写了二十几道奏章，请高宗回到开封。但那些奏章依旧都被黄潜善他们扣了下来。

这时候，宗泽已经快七十岁了，一气之下，背上发毒疮病倒了。他对前来看望的将领说："我因为国仇未报，心生忧愤，才得了这个病。你们要奋力杀敌，我死了也就没遗憾了。"

将领们听了，都感动得掉下热泪。

正在大伙准备离开时，只听得宗泽念了两句唐朝诗人杜甫的诗句："出师未捷身先死，长使英雄泪满襟！"接着，又用足力气呼喊道："过河！过河！过河！"说完，才阖上眼睛。

开封军民听到宗泽去世的消息，都伤心得痛哭流涕。没多久，中原地区全都落在金军手里。

高超堵口

宋仁宗庆历八年（1048年），黄河堤坝商胡段发生决口。

黄河决口，可是件头等大事，宋廷迅速反映。当地衙门紧急组织人力物力，抢修河堤，却迟迟堵不住决口。

要堵住决口，必须从决口两端向中间逐段填塞堵口材料。最后合口的那一道工序，被称作"合龙门"或者"合龙"。

当时北宋填塞河堤用的材料叫"埽"，即用芦苇和竹柳条扎制成笼子形，里边灌入灰石浇筑凝固。堤口合龙时，将它压入河底，夯实固定住，才算合龙成功。

黄河决口能否堵住，就在于合成这一关键工序。可令人遗憾的是，偏偏就是这最后一步，屡试屡败，就是合不了口。

当时用于合龙的埽，长度为六十步，大约是现在的九十五米长。

有位叫高超的水工，他经过仔细勘察和分析，得出了合龙失败的原因，提议说："埽身太长了，人力不能把埽压到河底，因此不能阻断河流。而拴埽的绳索往往被水冲断。应该把埽分为三节，中间用绳连住，等第一节下到河底时，再压第二、第三节。"

　　然而，不等高超说完，反对的人就纷纷七嘴八舌地争辩说："这哪能行啊，二十步一埽太短了，根本不能阻断水流。"

　　高超回答说："下第一节埽时，水流的确没有截断，但水势必定会被减弱一半；压第二节埽时，只需一半的力量就可以了，这时即使不能断流，也不过是很少的小水流了；压第三节埽时，就跟在平地上施工一样，大家可以想怎么压就怎么压了。三节放好后，下面的两节已经深入游泥之中，与河底互相淤结为一体，这样必能阻断水流。"

　　当时主持堵口的长官叫郭申锡，他不敢采用高超的合理建议，因此堵口失败。不过，后来还是用高超的方法才把决口堵住。

郭守敬挖石桥

郭守敬，字若思，今河北省邢台市信都区人。他是元朝水利工程专家、天文学家、数学家，还是一名治黄专家。

在郭守敬21岁时，就在水利方面初露头角，这主要得益于他善于实地调查。

当时，邢州城北有三条河，跨越三条河时有三座石桥。中间那条河上的石桥，由于泥沙淤没，早已不见踪迹。遇雨积水时，无桥可行，致使人们的交通不便。

郭守敬一边到现场反复观察，一过向当地父老调查，然后设计出了疏浚工程方案。

人们按照郭守敬的施工方案施工，果然在他指明的方位挖出了那座已经埋没几十年的石桥。

从此，河道疏通，交通也便利了。郭守敬的美名也因此传扬开。

中统三年（1262年），忽必烈召见郭守敬，寻问水利之事。郭守敬"面陈水利六事"，其中有两项与黄河水系灌溉有关。

一是"怀、孟沁河，虽浇灌，犹有漏堰余水，东与丹河余水相

合。引东流，至武陟县北，合入御河，可灌田二千顷"。一是"黄河自孟州西开引，少分一渠，经由新、旧孟州中间，顺河古岸下，至温县南复入大河，其间亦可灌田两千公顷"。

忽必烈对郭守敬的建议大加赞许，并命他负责诸路河渠的整治工作。

至元元年（1264年），郭守敬到达西夏，查看西夏河渠，修复了当地"废坏游浅"的古灌渠，灌溉农田九万余顷，使西夏这个古老灌区获得新生。

郭守敬在西夏的时间并不长，但他在修复唐来、汉延等渠以后，又坐船考察了河套的水路，并向忽必烈提出了河套通航以及修复河套附近古渠的建议。

后来，郭守敬还专门"挽舟逆流而上"，去探索黄河之三源。

贾鲁治河

　　贾鲁，字友恒，元代泽州高平（今山西省高平市）人。大德元年（1297年）生，自幼志向远大；长大后又谋略过人。官至中书左丞。至正十三年（1353年）在围攻农民军的过程中病卒。

　　贾鲁的贡献，以治黄工程最为突出，而尤以堵塞黄河白茅决口工程脍炙人口。

　　至正四年（1344年），黄河在今山东曹县白茅堤决口，数年过去了，也没有堵住。

　　此时，贾鲁任山东道奉使宣抚首领官。至正九年（1349年）二月贾鲁任行都水使者，奉旨勘察黄河。

　　贾鲁"循行河道，考察地形，往往复数千里"。对河患情况进行了细致了解。当年五月，大水注入沛县，冲入大运河，危及漕运和盐场。这年冬天，复出为丞相的脱脱亲自负责治河，召集群臣商议治河方案。

　　贾鲁将自己此前往返查勘所见所闻，绘图报告，并提出了自己的治河方案：一是就决口以下新河道北岸筑堤，限制决河横流，工程量

较小；二是堵塞决口，同时疏浚下游河道，挽河回故道，工大费多。

脱脱决定采用后者。

四月，贾鲁受命以工部尚书总治河防使总领治河事宜，开始了黄河史上著名的贾鲁治河。

治河工程包括疏浚河道、修筑堤防和堵塞决口三个部分。这可是一个大工程啊！

工程征用民夫15万人，军队2万人。七月份完成开河工程，共疏浚、开挖河道280里54步。同时修缮了原河道两岸堤防。从归德府（今河南省商丘市）的哈只口到徐州300余里间，修补缺口107处。大修北岸自白茅至今安徽砀山间堤防共250多里。

八月，为了挽河入旧河道，开始了最艰巨的黄陵冈堵口工程。

由于工程在汛期进行，要顺利地将大流量的河水逼入旧河道，就必须采用非同寻常的治河措施。

贾鲁首先在决口上下旧河道上修筑导水堤3道，西堤长12里130步，另两堤共长14里70步。又在决口处修南北两岸截河大堤，北岸长10里余，南岸长9里余。

农历八月二十九日，进入决河的水量仍然比进入旧河道的水量多一倍。如不尽快堵塞口门，旧河道因水量较少很可能重新游塞，那时就会前功尽弃。

贾鲁当机立断，于农历九月七日，将大船27艘逆流排开，用粗麻索、竹缆捆住大桅杆和长桩，将各船坚实地连接起束，再用麻绳及

竹缆将船体周身捆住，使其成为一个船体方阵。在船阵前抛下大铁锚，又用长七八百尺的竹索，将船阵系在深埋两岸的大木桩上。在船舱底部铺一层梢料，而后装满碎石，再将船舱用木板封闭。船面上，在主桅杆下半布置横木3道，横木前置放竹篱笆夹草和碎石，横木后再用木桩支撑，组成"水帘桅"。随后，每船配备两个身手敏捷的水工，各执斧凿，以击鼓为号，同时动手将船凿沉。

石船入手，顿时阻遏水势。借助石船为基础，不分昼放，追压埽工，一气将龙口缩小到一二十步。

贾鲁镇定自若，从容指挥，于农历十一月十一日终于合龙。随后，又修堤4道，护卫堵口索堤。

这次大规模堵口工程顺利进行，是贾鲁大胆创新的结果，一举堵合泛滥七年之久的决口，为深受泛滥之苦的泛区百姓解除了一大祸害。贾鲁不愧是独树一帜的治河专家。

都实考察河源

黄河的源头在哪里？说法不一。

秦汉时期，大家认为黄河源出新疆的塔里木河，往东流入罗布泊，伏流地下数千里，至青海省的积石山而复出。

7世纪上半叶，唐朝人在和吐谷浑、吐蕃的多次接触中，才逐步了解黄河上游。据历史文献记载，贞观九年（635年），积石军总管侯君集和江夏王李道宗奉命征讨吐谷浑，到了星宿海，看到了黄河源。贞观十五年（641年），唐蕃和亲，吐蕃王松赞干布率部亲迎文成公主于河源。可见，当时人们对黄河源就有了一定的了解。

元代，为了我国各民族的统一，"薄海内外，人迹所及，皆置驿传，使驿往来，如同国中"。这就为深入勘查黄河源提出了社会需求。

至元十七年（1280年），元世祖忽必烈任命都实为招讨使，并佩金虎符，到黄河源进行正式勘查和研究。

都实奉命后，从河州（今甘肃临夏市）宁河驿出发，穿过甘肃南部的崇山峻岭，直插积石山东端，然后溯河而上，历时4个月到达了河源地区，

通过实地勘察后，都实一行人于同年冬天回到大都，将所见所闻绘图上报。

元人潘昂霄根据都实弟弟的转述，写成了《河源志》一书。都实一行考察河源所取得的成果，标志着元代对河源的认识达到了新的水平。

此外，都实一行还考察了河源地区的气候、动植物等，还详细考察了黄河上游各支流和干流的有关情况，对每条支流的名称、流向、水量、浑浊情况等，都作了观察和记载，这在当时是十分难得的。

"功漕神"白英

白英（1363—1419年），字节之。明初著名农民水利家。山东汶上颜珠村人，后来迁居汶上彩山。

白英是运河上的一位"老人"。说他是"老人"，并不是指他上了年纪的人，而是指他是10余名运河民夫的领班，治水、行船都有相当丰富的经验，而且十分熟悉山东境内大运河及其附近的地势、水情。

明永乐九年（1411年），明成祖命令整修运河航道。白英献计，改以南旺镇为分水点，在运河流经的南旺一段建水闸38座，分段调节水量；同时筑戴村坝，开小汶河，引水在南旺分流。建议经采纳实施后，较好地解决了运河航道水量不足、长期阻塞的难题。

相传，明初时运河水量不足，航运船只常常受阻，朝廷为此非常焦急。就在这时，白英挺身而出，承担了寻找甘泉、疏通运河的任务。他带领官兵沿运河而行时，突然停止了脚步，指地跺脚。说来也奇怪，平地喷出一股清泉，咕咕向外冒水，水很快涨满了运河，使航船顺利通过，解除了许多燃眉之急。

　　明洪武年间，黄河在原武（今河南省原阳县）决口，汹涌的黄河水漫过曹州流入梁山一带，淤积400余里，切断了明朝南北水路大动脉。南北漕运的瘫痪，使朝廷百官、平民百姓等，无不为之忧虑。

　　此时，工部尚书宋礼受命同督都周长、刑部侍郎金纯等带领济南、兖州、青州、东昌等四个府的25万民工，对会通河水系进行了大规模治理，但因会通河水源不足，没有从根本上解决漕运问题。

　　宋礼在治理会通河受挫后，便布衣微服出访，寻求治水方略。他来到汶上城北，适遇白英。白英见宋礼秉性刚直，又诚心请教，便决定帮助宋礼治河。白英根据会通河的地势水情，提出了治河方案。具体方案如下：以汶水作水源，筑堤引水，西注运河地势最高的南旺，然后向南北分流。其中，六份北流到临清，接通卫河，中间设水闸17座；四份南流到济宁，下达泗、淮，中间设置水闸21座，从根本上解决会通河水源不足的难题。

　　宋礼采纳了白英的建议。经过9年的艰苦施工，终于完成了开掘汶上济宁段运河这一举世闻名的水利工程。这一工程使之河河相通，渠渠相连，湖湖相依，汇成一条巨大水系。

　　白英治水的成功，使明、清两代航运畅通无阻，尤其对当时的南粮北运发挥了很大作用，最高年运粮达500万石。

　　白英因治河有功，于明正德七年（1512年）被追封为"功漕神"，建祠于南旺。清朝雍正、光绪皇帝分别追封他为"永济神"和"大王"，受到人民敬仰。

李闯王渡黄河

李闯王，即李自成（1606-1645年），明末农民起义军领袖。如今，人们对李闯王渡黄河的事津津乐道，下面就让我们看看故事是怎样的吧！

相传在明崇祯年间，陕北一带连年干旱，灾情严重，可是政府却不闻不问。因饥饿而死的灾民，不计其数，被逼无奈，陕北多地饥民揭竿而起。

崇祯二年（1629年），李自成加入了王之爵聚众造反的队伍，占领了延川、延长、绥德、米脂、清涧、宜川、韩城，还有山西等地。

崇祯三年，明朝皇帝下旨延绥巡抚洪承畴剿灭义军。随后，王之爵部失利，后被诱杀。队伍便由李自成领导，李自成自称为李闯王。

由于灾荒连年，投奔到闯王旗下的人越来越多。为了提高作战能力，李自成加强了军纪管理和军事训练。崇祯九年（1636年），陕西遭遇大面积瘟疫，尸体遍野，灾民随处可见。崇祯十年，李闯王率部直奔清涧，把清涧城团团围住，一围就是三个月，还是不能攻克。一天，探马来报，洪承畴率兵前来清涧解围，闯王就带着部队撤出清

涧，向东而去。

李闯王撤出清涧后，将十万之众分散在黄河沿岸。如果洪承畴追来，就渡过黄河，直奔山西，经山西到河南中原去，这样就可以避开洪承畴的围攻。

一天，闯王带领部将及谋士们在舍峪里沿黄河走了一圈，视察过河的地理环境，并让谋士看一下何时渡河最好。谋士抬头看了看火红的太阳，掐指一算，说从卦象上看后天就是好日子，是六月十九日，三伏第六天，是过河的黄道吉日。

可过河船只有限，怎么过？闯王自有办法。

转眼到了十九日一早，天刚亮，将士们就准备渡河。可闯王不急不躁，和将领们拜天拜地。祭拜完毕后，就来到中帐，等待时辰出发。

午时，李闯王让亲兵到黄河边看看，黄河水有没有结冰。奇怪，三伏天哪会结冰，这不是梦话吗？将士们面面相视，谁也不敢多问。

过了约一刻钟，亲兵气喘吁吁跑回来报告，黄河没有结冰。闯王一听，怒火冲天，一连杀了三个亲兵。

其他将士以为闯王疯了，六月三伏天，黄河怎么结冰。这时，又叫来一个亲兵。领命后，亲兵硬着头皮跑到河边。看了一眼黄河，又看了眼红红的太阳，想了想，说实话是死，不如撒个谎，大不了也是一死。扭头往回走，到了中帐，大声喊道："报告闯王，黄河结冰了！"闯王一听，高兴地说："好！过河。"

闯王头戴大沿毡帽遮阳，身穿斗篷战袍，腰挎三尺宝剑，手牵枣红赤兔马，走在队伍最前面，一路朝黄河奔去。

这时，一块白云遮住了太阳，还有阵阵凉风袭来。来到黄河边，只见河水没有了昔日汹涌澎湃的浪花，只见白茫茫的冰凌，将黄河盖得严严实实。李闯王的十万人马踏着雄健的步伐跨过了黄河。等到全部人马到了河对岸后，闯王回头朝西一看，黄河之水依旧川流不息，闯王暗自庆幸说："天助我也！"然后把脚下的渡口起名为"军渡"以示纪念。

从此，李闯王率领着他的千军万马，辗转于中原等地，直至推翻了明朝，建立了大顺王朝。

康熙皇帝治水方略

康熙，名爱新觉罗·玄烨（1654-1722年），是清朝第四位皇帝。蒙古人称其为恩赫阿木古朗汗或阿木古朗汗。顺治帝第三子，生母为孝康章皇后佟佳氏。

康熙在位六十一年，其间发生了无数大事，一件件接连不断，每一件都堪称关乎国运的大事。但在康熙看来，能起到定国安邦作用的大事只有三件，分别是削藩、漕运和治河。

治河是贯穿康熙执政始终的一件大事，而漕运又与治河密切相关。无论他的政务多么繁忙，都时刻关注着河运的治理。

纵贯南北的大运河与蜿蜒东西的黄河相交汇，聚首在洪泽湖以东的清口。清口也就成了黄淮交汇合流之处。

由于长期以来河道失修，淤沙堵塞，沿河经常泛滥决口，以致河南、苏北一带常年闹水灾，不但影响了农业生产，也阻碍了由江南各地运送漕粮供应京师官民。

于是，康熙任命安徽巡抚靳辅和陈潢总督治黄通运。他们悉心勘察、全面规划，采取疏蓄堵防相结合的办法，分期实施，10年内堵塞

了决口，使数万顷浸没的土地，成为可耕的肥壤，清王朝的财赋得到了增益。

这项工程取得的实效，固然与靳辅及陈潢的策划得宜有关，但也是康熙重视治理河运的结果。

康熙亲自钻研水利理论，还进行实地调查。他曾乘船考查过下游的孟津、徐州、宿迁、邳州、桃源、清口等地，又亲自到黄河中游的山西、陕西、内蒙古、宁夏等地考察。他还从横城堡（今宁夏银川市东南）乘船，沿黄河向下游航行，历时22天，船程数千里。

康熙二十三年至四十六年（1684–1707年）间，他六次南巡，提出了具体的治水方案。后人将康熙有关治水的言论汇编成书，定名为《康熙帝治河方略》。

靳辅"日上八疏"

靳辅（1633–1692年），字紫垣，祖籍山东济南，出生于辽阳。清初名臣，水利专家，曾两次总督黄河，被康熙帝赞誉"军民感颂靳辅治绩者众口如一，久而不衰"。

靳辅9岁丧母，自幼知书识礼，13岁随父入关。康熙元年（1662年），靳辅任兵部职方司郎中，因政绩突出，在38岁那年出任安徽巡抚。

康熙十五年（1676年），黄河、淮河洪水淹没淮、扬七个州县，运道中断，国都面临着断粮的危险。于是，康熙急令靳辅为河道总督。

靳辅接到任命后，虽然有些犹豫，但还是着手先对黄河河道进行实地勘察，了解水情。只见下河七州县一片汪洋，沿岸到处是无家可归的百姓。整个运道尽毁，漕船也被冲得凌乱不堪，一片衰败景象。

靳辅满心忧虑。

在查看完回到总督府衙门后，靳辅经过认真思考，一日之内连上八疏，提出了自己的治河方针和具体计划。内容主要包括：疏浚运河

及清口，以至于入海口河道；加固现有黄河河道的遥堤、缕堤；加修高家堰，蓄高洪泽湖水位；开白洋清河以东引水河；开清口，引淮水以冲刷黄河下游河道；相应的保障措施；等等。

除此之外，靳辅还立了"黄淮归海，漕运畅通"的军令状。康熙十分高兴，就批准了其治河计划。

随即，一场大规模的河道、运道整治工程，以千军万马之势正式启动。

上述治河措施实施完工后，当年就见到了成效。黄、淮各决口相继堵塞后，入海通道迅速恢复，黄河水全部归入正流。

不仅如此，对于朝廷关注的漕运要道，靳辅在运河南北段共建闸坝26座、涵洞54座，整个南北运河一度畅通无阻，漕运船只安全无虞。

陈潢治黄河

陈潢，字天一，浙江钱塘人。自幼聪颖，读书刻苦，家人希望他有朝一日金榜题名，光宗耀祖。不想，他只对农田水利感兴趣，虽连连应试，却榜不见名，最后只好闭门读书，搜集前人治水资料。后来，为了施展自己的抱负，便北上拜师，无果。途中偶遇靳辅，遂结为好友。

当时，黄河经苏北，与淮河、运河会合后入海。由于下游地平水缓，泥沙淤积，河道堵塞，堤防不坚，经常泛滥决口，"田禾淹尽，民多流徙"，而且运河阻塞，影响了当时的漕运。漕运受阻，直接影响往北京运送粮食，这可是大事。康熙于十六年（1677年）任命靳辅为河道总督。

当时人们对黄河水患"无不以畏途视之"。靳辅受命后心中也充满了"忧惶悚惧之念"。这时，陈潢自荐，表示愿做他的助手，一同治河。

为了查明黄河的地形、水情和泛滥原因，陈潢常常亲自沿河考察，有时为了获得一个数据，不顾狂风暴雨，独驾一叶扁舟，到汹涌

的波涛之中测量水的深度。

陈潢在掌握了大量第一手资料的基础上，对靳辅说："黄河之病在下游，而治河的根本却在中上游。"他建议采用明代水利学家潘季驯的"筑堤束水，以水攻沙"治河方法，塞决口、筑堤坝，使河水仍归故道。为了避免黄河、淮河、运河"三渎并涨"时造成决堤的灾难，陈潢创修了减水坝，以备汛涨时溢洪。

陈潢发明了测水法，就是用推测土方的办法来推测水方，把河水的横切面积乘以河水的流速，得出水的流量。这种测水法，在世界科学技术发展史上有着重要的价值。

靳辅采纳了陈潢的建议，在田地上招民屯田。这却触犯了地主豪绅的利益，他们群起而攻之，诬蔑靳辅夺了他们的土地，大骂陈潢是"小人"，并纷纷上疏。

康熙在一定程度上肯定了靳辅的治河成绩，但对靳辅招民屯田表示不满。康熙二十七年（1688年），靳辅被革职，陈潢也因莫须有的罪名准备被押送北京。

消息传来，陈潢痛悔交加，不久便忧愤病死。

临死前，陈潢要人把他治河的文稿整理刊印，让后人参考。在他去世不久，同乡张霭生把他治河的部分文稿搜集起来，编成《河防述言》，后来有人将搜集到的一些文稿印成《天一遗书》。这两部书，均集中反映了当时水利学的发展水平。

林则徐治水

林则徐（1785–1850年），字元抚，又字少穆。福建侯官（今福建福州）人。嘉庆进士。

提起林则徐，很多人知道他坚决查禁毒害中国人民的鸦片，是第一个坚决抵抗英帝国主义侵略的民族英雄。然而，林则徐还是一位有名的治水专家，其中他对黄河的研究治理有许多独到见解。

道光三年（1823年）五月，江苏全省大雨滂沱，江河横溢，很快就淹没了30多个州县。当时，林则徐任江苏按察使，他经过仔细考察，认为水灾主要是太湖洪水出水道的吴淞江、黄浦江、娄江（又名浏河）及白茆河久淤不畅所致。于是，他对黄浦江进行了疏浚，并挑挖了吴淞江，以利宣泄。

道光五年（1825年）夏季，黄河在江苏南河高家堰决口。当时，林则徐正因母亲病逝而在福州老家奔丧守孝。按规矩，臣子守孝期间，朝廷没有大事不能随便宣召。但是，清廷为了尽快堵住决口，破例将林则徐从原籍匆匆召回，林则徐驰赴南河督修堵口工程，竣工后才回福州继续给母亲守孝。

道光十一年（1831年）二月，林则徐被擢升为东河河道总督，办理黄河河务。

在清代，黄河上御水的主要建筑物是用秫秸修的"埽工"，他认为"秸料是河工第一弊端"，必须坚决杜绝。他提出了"碎石斜分入水，铺作坦坡，既可以维护埽根，又可以纾回溜势"，以达到"工固澜安"的结果。

可以说，林则徐是在河南境内提倡用石料修河工的创始人之一。

道光十二年（1832年），他调任江苏巡抚，又治理了浏河及白茆河，并对宝山被海潮冲塌四五千余丈的海塘，全部用石料整修加固。

为了解除当时的江、淮之困，林则徐提出了将黄河改道北流（即流至现行河道），沿大清河入海的设想。此后不到20年，黄河就发生了咸丰五年（1855年）的大改道，其行经路线与林则徐的设想完全相同。

后来，林则徐每到一地，都不忘兴修水利。他留下的水利工程和治水理念，切切实实地给国家和人民带来了利益，丝毫不逊色于抵制鸦片的功绩。

治水廉吏郭大昌

郭大昌（1742-1815年），字禹修，清代江苏山阳南乡高良涧（今江苏淮安洪泽区）人。郭大昌虽无大的官职，却是黄淮运河治理中的一位颇有传奇性的人物。

郭大昌生于洪泽湖边，自小就亲眼目睹了一幕幕洪水肆虐的惨剧和人们与洪水斗争的悲壮场景，便立下了治水壮志。

乾隆三十九年（1774年）八月，黄河在老坝口（今淮阴东北）决口，一夜之间口将门冲宽到了一百二十五丈，口门水深达五丈，黄河全流冲入运河，钵池山山子湖顿时成了泽国。位于板闸的水闸管理衙署也被冲毁，居民四散躲避。

接着，淮安城大半浸在水中，积水深达丈余。总督吴嗣爵一时不知所措，不得不去请郭大昌帮忙堵口。

郭大昌问："总督大人有什么措施和计划吗？"

吴嗣爵说："要是有办法，就不麻烦先生您了。不过最好能快些堵口，工费别超过50万两，工期在50天内，如何？"

郭大昌心中有数，对吴说："要我来堵口，工费可减至10万两

左右,工期缩短为20天。只要派文、武官员各一人,维持工地秩序,料物钱粮全由我来负责支配,其他官员不得插手。"吴嗣爵满口答应,索性连大印也交给郭大昌。郭大昌果然如期完工了。

这一堵口工程,是郭大昌的重要治水成就之一。

嘉庆元年(1796年),黄河在丰县(今江苏丰县)又决口了,主管堵口的官员计划用银120万两,江南河道总督兰第锡感到太多了,想减掉一半,便找郭大昌咨询此事。

郭大昌认为再减一半也足够了。"堵口用银只需30万两足够了,其中15万两作工料费,15万两分给河工官员,也不算少。"他斩钉截铁地说。

郭大昌在两次堵口中,无情地打击了河工上的那些贪官,也因此遭到了他们的忌恨。

嘉庆十二年(1807年)前后,苏北一带黄河几乎年年决口。当时治河官员,有改河入海的打算。此时,郭大昌已六十多岁了,他虽受到河官的排斥,仍对黄河念念不忘。次年,他和好友包世臣一同用了两个月的时间,调查了黄、淮、运河的形势,由包世臣提出"海口并无高仰,河身断不可改"的主张。

可以说,郭大昌不但堵住了黄河决口,更遏制住了官员腐败之风气。

"老郭渠"与王同春

　　王同春（1852–1925年），俗名瞎进财，字浚川，河北邢台人。他是我国近代黄河后套的主要开发者之一。

　　黄河在内蒙古自治区境内，从巴彦淖尔市磴口县至包头东之间的一段，称为后套。前套和后套合称河套。"黄河百害，唯富一套"，即是指河套地区，

　　河套一带，地势平坦，土壤肥沃，但降水量稀少。因此，自秦汉时起，人们已在这里开凿沟渠，引黄河河水灌溉农田，农业十分发达，素有"塞外江南""塞上粮仓"之称。

　　王同春虽然出身贫穷，识字不多。却在水利技术方面，有自己的见解。他聪慧过人，重实践，善思考。常在夜间点灯或燃置香火，以测定地面高低；雨天通过观察水流流向，就可以精确选取渠线；见田鼠挖洞时泥土的湿润程度，便知是否有浅层地下水；根据黄河水翻腾时泡沫的形状，就能判断出洪水来临的时间。

　　出于对河水的认识，他所开凿的引黄干渠，大都同蜿蜒的河套相似，呈曲线形。选择渠口位置时，他总是通盘考虑上游的流势，适当

利用水力的冲刷，务求渠口布局合乎自然趋势，以免淤塞。

清同治十二年（1873年），后套一位叫万德园的业主，曾在当地的短鞭子河修筑渠坝，渠口却总是淤塞无法疏浚。王同春纵览地势全貌后，对他说："要废除短鞭子河的上游段，由黄河另开新渠，再接通短鞭子河的下游段。"

万德园采纳了这一建议，并让王同春策划施工。

不久后，这条长约百里的干渠竣工了。已开垦的熟田得以耕种，也可以凿支渠引水灌溉周围未开垦的荒地。由于郭姓人家出资最多，势力也大，此渠遂称为"老郭渠"，后改名叫通济渠。

从此，王同春精通水利的名声不胫而走，几乎传遍了全套。老郭渠的开通，拉开了河套水利大发展的序幕。此后，各地纷纷开渠耕作，农田灌溉面积大大增加。

后来，王同春先后组织开辟了义和渠、沙河渠、丰济渠、刚目河和灶王河5条大干渠，灌溉垦殖的土地增加到了2.7万多顷。

张曜治理黄河

张曜（1832–1891年），字朗斋，号亮臣，出生于浙江钱塘（今杭州）。晚清名臣、将领。曾任山东巡抚。

张曜任职山东巡抚期间，正逢山东各地遭受严重的水患。在治理黄河的过程中，有对治河提出好的建议者，即使是平民百姓，张曜也要请来咨询。当时，每逢黄河决口，张曜总要亲临现场，指挥抢修堤防。此外，面对包括黄河泛滥在内的水旱灾害，张曜一面积极组织救灾，一面拿出自己的俸金，并动员其他官员捐俸助赈，救活了许多灾民，因而深受百姓爱戴。

张曜对山东段黄河情况进行了调查研究。在此基础上，他针对黄河两岸河道窄、堤坝不够坚固、水涨易于漫决为患的特点，除带领百姓疏浚河道、挑淤培埝、增筑堤坝、加强两岸堤防外，还提出了"分"与"疏"的治黄新主张。在齐河赵庄、刘家庙和东阿陶城铺各建了减水闸坝一座，以防异涨。

张曜认为治河如治病，用人力疏浚海口、挑挖引河已不是万全之策，应采用机器船只节节疏浚。黄河漫口时靠堵筑的办法，只能解燃

眉之急，必须变通办理。他认为切挖淤滩沙嘴，为治河要务。

对黄河河口淤泥的治理，张曜经过多次考察，认为用人力清淤不现实，应采用机器船只节节疏浚。他派出平头圆船50只，每船载16人，各带挖沙工具，清挖江河中的淤滩沙嘴（淤滩是淤泥形成的滩地；沙嘴是一端与岸相连，另一端伸入水中的沙质垄岗地形）。为了提高清淤效率，他还引进国外挖泥船，大大加快了清淤进度。张曜看见当时黄河从牡蛎口入海不顺，就因势利导，用机船进行疏挖，改由韩家墩入海，使河口通畅无阻。

光绪十三年（1887年），郑州十堡决口，山东段黄河断流，他趁机对山东河道进行挑淤疏导。光绪十五年（1889年），黄河回归故道，当时正值凌讯，由于黄河疏通，冰水顺利入海。

利用黄河水沙资源的想法，古代就有，但这一想法在黄河下游付诸实施不是件容易的事。把它付诸行动的首推清末山东巡抚张曜。他于光绪十七年（1891年）在齐河油房赵建引黄闸三孔，后来由于群众担心洪患，拦道请愿，未能开闸放水。

张曜在山东巡抚任上，曾带头植树造林。在黄河大坝从洛口到市中心的路旁遍植柳树，形成一道柳树风景带，有人称这些柳树"张曜柳"。

张曜死后，济南人民感其恩德，尊他为黄河"大王"。继任巡抚福润也奉旨在大明湖边为他修建祠堂，以资纪念。20世纪50年代，原用于纪念曾巩的南丰祠坍塌后，原张曜祠改作南丰祠。

李仪祉修"檀香山坝"

　　李仪祉（1882—1938年），陕西省蒲城县人，著名水利学专家和教育家，我国现代水利建设的先驱，历史治水名人。他主张治理黄河要上中下游并重，防洪、航运、灌溉和水电兼顾，改变了几千年来单纯着眼于黄河下游的治水思想，把我国治理黄河的理论和方略向前推进了一大步。

　　李仪祉自幼生长在渭北高原，但是这片土地长期缺水。他的终生夙愿就是效法郑国、白公，以图振兴关中水利。

　　可是，自1929年开始连续五年的大旱灾和瘟疫，使关中从天堂变成了地狱。田园荒芜，渠道废毁，兴修水利的呼声越来越高。

　　1930年，杨虎城将军任陕西省主席，邀李仪祉任省建设厅厅长，以发展水利，早日制服"旱魔"。当时筹集修渠资金十分困难，在国外华侨的赞助和杨虎城将军的支持下，解决了款源问题，使他的引泾计划得以实施，并于当年开工建设泾惠渠。在修建中，李仪祉采用以工代赈的方式，即每人干一天活得小米一升，以鼓励大家积极修渠。饥民纷纷前来，工程进展顺利。

1932年6月第一期工程完工通水，可灌溉田地50万亩。1935年第二期工程完工，扩灌至65万亩。泾惠渠修成后，李仪祉为其命名"檀香山坝"。

泾惠渠的建成，成为中国当时现代化水利工程的典范，在我国水利史上写下了光辉的一页。泾惠渠成效显著，引起了国内银行界的重视，他们对于灌溉工程也乐于提供贷款，国人也热心相助。因此，关中各渠始得相继兴修。

泥沙专家钱宁

钱宁（1922–1986年），浙江杭州人，泥沙运动及河床演变专家，中国科学院院士，清华大学水利系教授。

1943年钱宁毕业于重庆中央大学工学院土木系；1948年获美国爱荷华大学硕士学位；1951年获美国加利福尼亚大学博士学位；1980年当选为中国科学院院士；1986年获得中华全国总工会授予的"五一劳动奖章"，同年12月6日，因患癌症医治无效逝世，终年64岁。

1955年，钱宁和一大批旅美科学家冲破重重阻力，回到了祖国的怀抱，并立即投入了对黄河泥沙的研究。他继承和发展了H.A.爱因斯坦泥沙运动力学理论体系，倡导高含沙水流运动机理的研究，写成了具有较高理论价值的著作《泥沙运动力学》《动床变态河工模型律》《异重流》和《河床演变学》等著作。

钱宁将其广博的基础理论知识与治黄实践紧密结合，为治黄事业作出了不可磨灭的贡献。其中，黄河下游河道测验队的成立，河道整治的起步，上中游用洪用沙的推广，高含沙水流特性的研究，三门峡

水库的改建，小浪底水库的设计，治黄规划的探讨等，无不倾注了他的心血和智慧。

钱宁在《黄河下游河床演变》一书中，阐述了黄河下游河道的自然演变规律，为防洪治河实践提供了重要依据。他所主持研究的"集中治理黄河中游粗沙来源区"的成果，是治黄史上的一个重大突破。他对制定治理黄河规划、解决钱塘江口及长江葛洲坝水利枢纽工程泥沙问题，都作出了重要贡献。

钱宁教授以艰苦创业的精神，先后积极领导和参加了中国科学院水工研究室、水利水电科学研究院河渠所和清华大学泥沙研究室等科研机构的创建，并长期在黄河现场进行观测试验研究工作。他的足迹踏遍黄河上下和中游水土流失地区，多次成功地组织了重大泥沙问题的科技攻关，在全国泥沙科研和工程技术人员中享有很高的威望。

冼星海与《黄河大合唱》

《黄河大合唱》由光未然作词，冼星海作曲，作于1939年3月，并于1941年在苏联重新整理加工。作品以黄河为背景，热情歌颂了中华民族源远流长的光荣历史和中国人民坚强不屈的斗争精神，痛诉侵略者的残暴和人民遭受的深重灾难，广阔地展现了抗日战争的壮丽图景，并向全中国全世界发出了民族解放的战斗警号。

1938年10月，武汉沦陷后，诗人光未然带领抗敌演剧队第三队，从陕西宜川县的壶口附近东渡黄河，转入吕梁山抗日根据地，沿途目睹了黄河船夫们与狂风恶浪搏斗的情形，聆听了高亢、悠扬的船工号子，很受鼓舞和感动。

1939年1月，光未然抵达延安后，创作了朗诵诗《黄河吟》，并在这年的除夕联欢会上朗诵。冼星海听后非常兴奋，决定要为演剧队创作《黄河大合唱》。同年3月，在延安一座简陋的土窑里，冼星海抱病连续写作6天，于3月31日完成了《黄河大合唱》的作曲，为抗战发出怒吼。

冼星海去看望病床上的青年诗人光未然时，听其朗诵《黄河吟》

和讲述黄河呼啸奔腾的壮丽景象时，乐思如潮。半月之内又完成了该作品8个乐章及伴奏音乐的全部乐谱。

《黄河大合唱》创作后，于1939年4月13日于延安陕北公学大礼堂首演，立即引起巨大反响，随即很快唱响全国，成为抗日歌曲的"主旋律"和时代的最强音。

冼星海还创作了大量具有战斗性和感染力的歌曲。1935年至1938年间，他创作了《救国军歌》《只怕不抵抗》《游击军歌》《到敌人后方去》《在太行山上》等各种类型的声乐作品，开拓了中国现代革命音乐的新局面。这些作品振奋了民族精神，成为中华民族抗敌救国的精神武器。

1945年10月30日，冼星海病逝于苏联。1945年11月14日，延安各界为冼星海举行追悼会。

冯玉祥兴修水利

冯玉祥（1982－1948年），字焕章，原名基善，原籍安徽省巢县（今安徽省巢湖市），生于河北青县，中国革命军陆军一级上将，西北军阀。有"基督将军""倒戈将军""布衣将军"之称。

在河南开封柳园口闸旁，有一处不起眼的小院落，矗立着一座"冯玉祥兴修水利碑"。这座碑坐北朝南，灰白石质，字迹多有模糊。1983年在柳园口附近回寨村被村民偶然发现，当时石碑已断成两截。石碑发现处房基还在。

这碑的碑文为《柳园口汲水机记》，全文670余字。碑文首先介绍了黄河概况，接着讲述冯玉祥治黄河的情况。

1928年春，中原大旱，荒地千里，冯玉祥便向河南全省发出"大旱之年，一滴水非用过不准出境"的指示，命河南河务局在开封以北黄河古渡口柳园口兴修虹吸工程。继柳园口之后，南岸各河务局分局陆续在黑岗口等地安装虹吸机器，灌溉面积日益扩大。

黄河是"铜头铁尾豆腐腰"，而开封段就是豆腐腰，很容易溃堤。因为开封段是典型的游荡性河段，河道宽、浅、散、乱，主流摆动频

繁。冯玉祥在河南主政期间，数次亲临黄河察看水利工程，针对黄河水患进行了治理。

除了记载他兴修水利的碑文外，还发现了冯玉祥施政誓词碑，碑文写道："我们一定要把贪官污吏、土豪劣绅扫除净尽。我们誓为人民建设极清廉的政府。我们为人民除水患、兴水利、修道路、种树木及做种种有益的事。我们要使人人均有受教育读书识字的机会。我们训练军队的标准是为人民谋利益，我们的军队是人民的武力。"他一生都在践行这个诺言，虽然官居高位，始终保持平民本色，为政清廉，生活俭朴，被誉为"平民将军"。

1992年4月1日，冯玉祥兴修水利碑被确定为开封市文物保护单位。几十年风雨过去了，在这个小院里，石碑以及它所承载的精神，在岁月的长河中屹立不倒，静默地等待着后来人的瞻仰。

焦裕禄治三害

　　焦裕禄（1922—1964年），山东淄博市博山区北崮山村人，河南省兰考县原县委书记，干部楷模，革命烈士。他在兰考担任县委书记时，表现出的"亲民爱民、艰苦奋斗、科学求实、迎难而上、无私奉献"的精神，被后人称为"焦裕禄精神"。

　　焦裕禄是1962年接受上级命令来到兰考县担任县委书记的。兰考县因为特殊的地理位置，自然条件十分恶劣。特别是风沙、盐碱和水涝，并称三害，农业也不发达。巨大的风沙时而侵袭农作物，涝灾将农民的劳动成果毁得一干二净，大批的盐碱地让农业无法推行。就这样，兰考县成了著名的贫困县。

　　焦裕禄到兰考后，为了解三害，起风沙时，亲自带头去查风口、探流沙；下大雨时，他蹚着齐腰深的洪水察看洪水流势；他带头建设的水利工程，经后来引黄灌溉，最终让二十多万亩盐碱地变为良田。

　　在治沙方面：沙区没有林，有地不养人，这是基本情况；有林就有粮，没林饿断肠，这是其重要性；以林促农，以农养林，农林相依，密切配合，这是方针；造林防沙，百年大计，育草封沙，当年见

效，翻淤压沙，立竿见影，三管齐下，效果良好，这是方法。

在治盐碱方面：分清轻重，区别对待，这是方针；翻淤压碱，开沟淋碱，打埝躲碱，太田试种，引进耐碱作物，这是方法。

在治水方面：兰考地形复杂，坡洼相连，河系絮乱，这是现状；以排为主，排、灌、滞、涝、台改兼施，这是方针；舍少救多，舍坏救好，充分协商，互为有利，上下游兼顾，不使水害搬家，这是政策；夏秋两季观察，冬春干燥治理，再观察再治理，观察治理相结合，这是方针。

终于，经过焦裕禄和其他百姓的共同努力，兰考县的三害彻底消失，农业恢复了，人们有条不紊地进行农业生产。兰考县渐渐脱离了贫困，变得富裕起来。

三门峡水利枢纽建设

　　万里黄河，横贯九省区。但是，黄河泥沙含量大，下游河床逐年淤积抬高，成为"地上悬河"。千百年来，黄河下游屡屡决口改道，洪水泛滥成灾，极大地威胁了人民群众的生命财产安全。新中国成立初期，党的第一代中央领导集体就把治理黄河列入治国理政的重要议程。周恩来同志肩负治国安邦大任，亲自挂帅，领导黄河治理这一伟大事业。

　　1954年，黄河规划委员会组织数百名国内专家，会同苏联专家，编制了中国有史以来第一部全面治理黄河的规划《黄河综合利用规划技术经济报告》。同年11月29日，按照周恩来指示，国家计委邀请国务院有关部门负责人召开会议，听取苏联专家组组长柯洛略夫的报告《黄河综合利用规划技术经济报告基本情况》。规划的主要是三门峡水利枢纽方案，今后的问题就是如何分头组织力量加以实施。

　　1955年7月，第一届全国人大二次会议通过了《关于根治黄河水害和开发黄河水利的综合规划的决议》。决议确定兴建黄河三门峡水利枢纽为根治和开发黄河的第一期重点工程，从而拉开了向黄河进军

的序幕。

在兴建过程中，对于决策工作，周恩来鼓励争鸣，博采众长，保证决策的民主化和科学化。但是，各界针对各种不同的意见一直没有达成一致。周恩来亲临三门峡市召开现场会议，国务院副总理彭德怀和秘书长习仲勋一同参加会议。会上进一步明确了修建黄河三门峡水利枢纽对治理黄河特别是对下游五省防洪的重要作用，基本上统一了各方面的思想，凝聚了共识，保证了工程设计施工的顺利推进。

关于黄河三门峡水利枢纽建设目标和运用方式的争论，历时一年半。周恩来提出的"确保西安，确保下游"的指导思想，也成为后来黄河三门峡水利枢纽历次改建所遵循的重要原则。

周恩来提出治理黄河总的战略方针是"要把黄河治理好，把水土结合起来解决，使水土资源在黄河上中下游都发挥作用，让黄河成为一条有利于生产的河"。后来，三门峡工程经过改建，基本上解决了库区泥沙淤积问题。

据史料记载，1952年至1975年，周恩来就三门峡水利枢纽建设召开专题会议、作出重要批示、约谈相关人员等达百余次。

大河汤汤，岁月奔流。黄河三门峡水利枢纽建成后，在防洪、防凌、发电、供水、灌溉、减淤和生态环境保护等方面的综合效益日益彰显。黄河三门峡水利枢纽，是周恩来倾情倾力于中国水利水电事业的历史见证。

郑州黄河大桥建设

1906年4月，京广铁路郑州黄河老桥通车，它是连接南北的钢结构铁路桥，是我国第一座横跨黄河的大桥。通车后，平均每十分钟就有一列满载货物或旅客的列车通过，承担着繁重的运输任务。

建桥时，由于当时技术、经济等方面的限制，基础管桩入土深度太浅，黄河老桥曾多次因洪水冲刷而出现险情。特别是1958年7月17日，黄河再发洪水，京广铁路被迫中断。

7月18日下午，险情发生后，周恩来总理冒雨赶赴抢险地，同千百万人民群众一道，共同抢险。当时，正在黄河老桥附近修建京广铁路郑州黄河新桥的大桥工程局也在抢险队伍中。

当周总理得知参加抢险的主力队伍是修建武汉长江大桥的大桥工程局的建设队伍时，他更高兴了，勉励他们说："你们的尽头很大，要同暴风雨和洪水作斗争。"

历经14个昼夜的连续奋战，黄河老桥恢复通车。

1958年8月5日，又是一个难忘的日子。周总理又一次来到郑州，视察修复通车的京广线上的黄河老桥。总理细致地察看了修复后

大桥，检查新架起的钢梁底层、新架的桥梁结构，用手敲打着钢梁，抚摸着涂上黄蜡油的螺栓帽，并称赞建桥者保质保量修复大桥的创举。随后，周总理从便梯上到桥面，步行到黄河北岸的岸滩上与架设浮桥的工程兵见面，并称赞指战员征服黄河的英雄气概。

紧接着，周总理又高兴地从大桥北岸回到黄河南岸大桥工地，来到广大建桥工人中间。

当天下午，大桥抢修工程指挥部召开群众慰问大会。周总理对参加大桥抢修的所有人员表示了最亲切的慰问和最崇高的敬意。他赞扬建桥工人是"水上英雄"，并表彰了参加抢修的铁路职工、解放军官兵和当地群众。会议之后，周总理又批示：大桥通车后要继续加固桥墩，保证大桥的安全畅通，同时要加速修建铁路新桥。

在周总理的关心下，1960年4月25日，大桥工程局提前建成了郑州黄河铁路复线桥。

陈谢大军强渡黄河

在河南孟津白鹤镇，奔流不息的黄河从这里流过，为白鹤镇增添了别样的神韵。在鹤西社区的白鹤渡口，立有一块纪念碑，上面写着"解放战争陈赓谢富治大军渡河处纪念碑"。正是在这里，陈谢大军强渡黄河，挺进豫西，发生了一个载入史册的动人故事。

1947年，随着全国解放战争形势发生重大变化，中共中央把战略进攻的矛头指向中原，刘（伯承）邓（小平）、陈（毅）粟（裕）、陈（赓）谢（富治）三路大军，以"品"字形阵势，互为犄角，机动歼敌。

为了配合刘邓大军挺进中原，陈谢大军从山西平陆和河南长泉之间的沿河渡口强渡黄河，挺进豫西。

8月22日，风雨交加，两支渡河突击队冒雨出现在白鹤镇的对岸。他们抬着油布包筏子到黄河岸边，几十只油布包筏子首尾相接，一字排开，准备渡河。

此时，水流湍急，一时难以强渡。有民兵提出由葫芦队先渡，给部队开路。葫芦队是什么？过去没有救生圈大家就用绳子把两个大葫

芦绑在一起，外面套以皮盖，把它们系在腰间或抱在身下渡河。

这一建议被采纳。随即，数十名腰系葫芦的民兵，纵身跳入黄河，直冲河心。

葫芦队开路后，晚上8时，第一批十几只油布包筏子载着100多名战士渡河。过了十几分钟，等在北岸的指战员和各个梯队，看到南岸登陆地带闪起火光，这是顺利渡过黄河的信号。战士们随即依次乘坐油布包筏子渡过了黄河。

陈谢大军从沿河渡口强渡黄河成功，为夺取解放战争全面胜利作出巨大贡献。

渡河后，战士们没有打扰老乡，而是穿着湿漉漉的衣服，躺在院门外休息。清晨，老乡们打开院门后，很是感动。有人进屋拿出粮食送给战士们，他们并没有要。短暂休息后，战士们又匆匆离开了村子，奔赴下面的战场。

刘邓大军渡黄河

山东省聊城市阳谷县的沙河崖村，有一座历经沧桑但仍保存完整的青砖院落，它就是当年刘邓大军渡河指挥部旧址。就是在这里，刘伯承、邓小平同志指挥着晋鲁豫野战军主力强渡黄河，揭开了人民解放军战略进攻的序幕。

1947年6月，中国共产党领导的解放区军民，经过一年的内线作战，粉碎了国民党军队的全面进攻，歼灭了敌人的有生力量，使双方力量对比发生显著变化。

此时，蒋介石为了弥补由于重点进攻陕北、山东所造成的两头强、中间弱的"哑铃"态势，下令在花园口堵口放水，使黄河水全部流入老黄河故道，企图利用滔滔黄河水阻止人民解放军南下，甚至扬言黄河可抵40万大军。

中共中央和毛泽东同志审时度势，作出了"大举出击，经略中原"的战略决策，决定由战略防御转入战略进攻，实施外线作战，将战争引向国民党统治区。

战略进攻的矛头直指大别山地区。

　　大别山，雄峙于南京和武汉之间的鄂豫皖三省交界处，是敌人战略上最敏感而又薄弱的地区。我军占据大别山，可以东慑南京、西逼武汉、南据长江、俯视中原。如果这样，蒋介石就会调动其进攻陕北、山东的部队回援。

　　4月27日，中央军委和毛泽东同志指示刘邓大军预备船只，准备渡黄河转入战略进攻。

　　6月3日，毛泽东同志又指示刘邓大军积极准备，于6月底突破黄河，挺进中原。过黄河，实际上就是开始反攻了。

　　黄河天险，滔滔浊浪，横亘在刘邓大军面前。为了保障大军渡河，解放区以前所未有的规模和速度掀起了支前运动，涌现出许多集体参军、妻送郎、父送子、兄弟争相参军的感人场面。渡河需要大量船只，沿黄河各县人民造船只、挖船坞，积极捐献木材、苎麻、桐油等。一个个村庄，都为部队派出最好的船工，并在路口设立茶水站，人们把一碗碗晾凉的茶水送到过路战士的手上。

　　在人民群众的大力支持下，1947年6月30日晚，刘邓大军第一、二、三、六纵队在山东省的临濮集至张秋镇150公里的地段上强渡黄河。各渡口大小船只在密集炮火掩护下，艰难向对岸驶去。在强渡中，有的船工水手一晚就摆渡15趟，甚至达到20趟。

　　经过一日两夜的英勇奋战，刘邓大军一举突破黄河天险，彻底粉碎了蒋介石的"黄河防线"。

　　刘邓大军强渡黄河成功后，立即发起了鲁西南战役。

李有源与《东方红》

　　《东方红》原为依《白马调》曲调写成的《移民歌》，由陕北民间歌手李有源改编创作而来。

　　李有源（1903–1955年），出身于黄河畔陕北葭县（今陕西佳县）的一个贫农家庭。陕北有着丰富的民歌资源，李有源从小就听惯了民歌欢快的节奏和富有感染力的曲调，他知道如何用民歌去反映人们的生活、情感以及对生活的美好愿望。

　　20世纪30年代初，陕北的庄稼人在窑洞里偷偷地谈论着一个话题："红军快来了！""毛主席来到陕北，咱们穷人这下有指望了。"亲眼看到过红军的李有源的心情更是不能平静。他想用民歌来歌颂这些奔赴抗日前线的人民军队。

　　李有源天天想，夜夜想，一面想，一面编，连走路都哼着民歌调子，但他总觉得这些歌不能够深刻地反映出自己和人民对党、对毛主席的无比热爱之情。

　　一天，李有源走在路上，看到东方冉冉升起的太阳，他突然想到党和毛主席不就正像这东方升起的太阳吗？阳光普照着大地，温暖着

每个劳动人民的心房，引导人民永远向前进！想到这里，李有源心里激动不已。他晚上回到自己的窑洞，在有点昏暗的油灯下，终于用陕北著名的民歌《骑白马》的优美曲调，完成了《东方红》的创作。

"东方红，太阳升，中国出了个毛泽东。他为人民谋幸福，呼儿咳哟，他是人民大救星……"这歌声好似一个伟大的民族在诉说光辉豪迈的历史，更似饱尝沧桑之后在发泄心中对强权霸权的愤懑。

这是中华民族重振革命壮志的春雷！

1970年4月24日晚9时35分，中国第一颗人造卫星"东方红一号"在甘肃酒泉发射成功。13分钟后，卫星从太空发回信号，这信号就是歌曲《东方红》！乐曲声清晰洪亮，通过广播传遍了全世界。

黄河畔的民族英雄马本斋

1901年2月，马本斋出生于河北省沧州市献县的一个贫苦回民家庭，有一个哥哥和弟弟。马本斋自幼聪明伶俐，好学上进。由于家境贫寒，只上了3年私塾，便跟随父亲走南闯北讨生活。

马本斋在张家口做过生意，后来又辗转到了内蒙古，给牧主放马。有一次，遇上了暴风雪，马群被吹散了，马本斋无力偿还，便与父亲商量，偷偷跑到了东北。

到了东北后，正赶上张作霖奉系招兵。本着当兵有衣穿、有饭吃，手里拿着枪又不受欺负的朴素想法，他投身军营，逐级升至团长。1931年九一八事变后，他因不满国民党奉行的对日不抵抗政策，毅然弃官卸甲，回到故乡河北省献县东辛庄。

卢沟桥事变后，日本侵略者很快侵入马本斋的家乡，烧杀抢掠，无恶不作。马本斋随即在家乡组织回民抗日义勇队，奋起抵抗日本侵略军。1938年，他率队参加八路军，所部改编为冀中军区回民干部教导总队，他任总队长。同年，他光荣地加入了中国共产党。

入党以后，马本斋对自己要求更加严格。在他的带领下，改编后

的回民支队，战斗力不断提高，队伍迅速发展到2000多人。

1940年初，马本斋奉冀中军区命令，率回民支队赴深县南部开展对敌斗争，巩固抗日根据地。1941年1月，马本斋又率回民支队进入大清河畔，转战白洋淀；6月，转移到无极、定县一带开展大规模交通破袭战，粉碎了敌人的大扫荡；7月，回民支队参加青（县）大（城）战役。

马本斋机智勇敢，善于用兵，采用"磨盘战术""牛刀子钻心战术"，不断重创敌人。因此，敌人对马本斋恨之入骨。为了迫使其投降，敌人将其母亲抓走劝降。马母坚决不从，在狱中绝食而亡。劝降不成，敌人就企图用谣言来瓦解回民支队。他们四处散布谣言，挑拨离间，制造回汉之间的纠纷。对此，马本斋经常给战士们上思想政治课，教育大家回族和汉族谁也离不开谁，要跟着共产党团结抗日。

1937年至1944年间，回民支队转战于冀中平原和冀鲁豫边区，经历大小战斗870余次，消灭日伪军36000余人，攻克敌人的碉堡、据点和破坏敌人的铁路、桥梁数百处，缴获大批枪炮、弹药、战马和军用物资，创造了辉煌的战绩。

在长期艰苦卓绝的战斗生活中，马本斋积劳成疾，不幸患病。1944年2月7日，马本斋病故于冀鲁豫军区医院，一腔热血洒在了黄河岸边的鲁西北的大地上。

后 记

　　黄河九十九道弯，但要写与黄河有关的九十九个英雄故事和传说，却并不容易。尤其是在体例上，不好划分。

　　黄河作为地球上一种自然状态的存在，至少有100多万年的历史，如果再往前追溯，其历史则更长。从黄河自身来看，黄河是喜怒无常、变化万千的。它以"善淤、善决、善徙"著称。

　　说它"善淤"，是说黄河含泥沙量大，俗称"斗水泥七升"，黄河水流到哪里，就把泥沙挟带、弃置在哪里。

　　说它"善决"，是指时不时就决口。据不完全统计，黄河从西周到民国近3000年时间里，总共有近1500次决溢，较大的改道也达到了26次之多，每次黄河泛滥给当时百姓带来的苦难我们已经无从了解了。

　　说它"善徙"，有文字记载以来大的改道就有26次，平均百年一次。这条桀骜不驯的黄龙，经常摆动它那巨大的尾巴，轻轻一扫，北至天津以北，南到淮阳以南，纵横上千里，东部中国25万平方公里的沃野，几乎随处都可以成为它翻来滚去的河道。

　　有泛滥为害的河水，就有治理河水的英雄；有桀骜不驯的个性，就有美丽的传说。于是，英雄事迹和美丽的传说结下了不解之缘。

　　本书的写作，是在参考了许多有关资料的基础上梳理完成的，有些内容则来自网络资料，在此一并致谢。

　　不当之处，敬请指正。